NHK 100分 de 名著 ブックス

人生の意味の心理学

What Life Should Mean to You

変われない？ 変わりたくない？

アドラー

Adler

岸見一郎

NHK出版

はじめに——すべての人は対等な関係にある

『人生の意味の心理学』の著者アルフレッド・アドラー（一八七〇〜一九三七）は、今から一世紀ほど前に活躍したオーストリア生まれの心理学者・精神科医です。日本においてはごく最近まで、その名をほとんど知られていませんでしたが、欧米ではフロイトやユングと並ぶ「心理学の三大巨頭」の一人として高く評価されてきました。

アドラー心理学の特徴は、あらゆる対人関係は「縦」ではなく「横」の関係にあり、人と人とは対等であると考える点にあります。対等という考え方は、民主主義が浸透しているはずの今日でも、残念ながらまだ本当の意味では実現できているとはいえません。今も多くの男性は女性を下に見ていますし、上司は部下よりも上だと思っています。子どもについては、今なお大人よりも下の立場にあると考えている人は多いです。二十一世紀に入った現代でさえそのような状況なのに、アドラーがすでに一九二〇年代に「一緒に仲良く暮らしたいのであれば、互いを対等の人格として扱わなければならない」（『人はなぜ神経症になるのか』）と主張していたことを考えると、彼こそはまさに時代の先駆者であったといえますし、時代はまだアドラーに追いついていないといっても間違いありません。すぐに見るように、アドラーは「あらゆる悩みは対人関係の悩みである」といっていますが、その対人関係の問題を解決するためにアドラーが提言している数々のことは、もしも人と人とが対等であるということの意味が真に理解されていなければ、かえって対人関係を損ねることにもなってしまいます。

私が初めてアドラーの著書に触れたのは、結婚して第一子が生まれた三十代の頃でした。当時、私の家庭では妻が外で働いていたので、比較的時間を自由に使えた私がもっぱら子どもを保育園に送り迎えしていました。子どもは理想的に従順であるはずはなく、親の思い通りに行動しないので、思いがけず子どもとの日々は大変なものになりました。それで、どうすれば子どもとよい関係を築けるだろうかと精神科医の友人に相談した時に薦められたのが、アドラーの『子どもの教育』という本でした。この本を読み、それまで私は子育てについて何も知らないまま子どもと接していたことに気づきました。親に育てられたからといって、子どもを育てられるわけではないのです。手強い子どもと日々関わる中で、アドラーの著書を次々に読みました。

やがて、もともと古代ギリシア哲学を研究していた私が、アドラーの著書の翻訳に取り組むようになったのは、アドラーの考えを知ることで子どもとの関係がよくなったことを強く実感したので、多くの人にアドラーの考えを知ってほしいと考えたからでした。哲学者である私が心理学の研究をしていることを不思議に思う人がありますが、心理学はもともと哲学から発したものなのです。心理学は英語ではpsychologyといいますが、これはもともとプシューケー（psyche）とロゴス（logos）というギリシア語を組み合わせてできた言葉で「魂（精神、心）の理論」という意味です。ソクラテスは、この「魂（精神、心）」をできるだけ優れたものにすることを「魂の世話」といっています。英語のサイコセラピー（psychotherapy、心理療法）は、ギリシア語の「魂（psyche）の世話（therapeia）」に由来しています。もしもソクラテスが現代に生まれていたら、精神科医かカウンセラーになっていたかもしれません。アドラーの息子で精神科医のクルト・アドラーは、父は、「肘掛け椅子にすわり観念だけを追い求めるインテリとは正反対の存在であった」といっています（ホフマン『アドラーの生涯』）。私は、毎日アテナイで青年と対話をして過ごしていたソクラテスに、昼間は患者を診察し、夜はカフェで友人と談笑していたアドラーの姿を重ねてしまいます。

今回はアドラーの多くの著書の中から『人生の意味の心理学』を名著として選びました。これは、ドイツ語を母語とするアドラーが初めて英語を使って書いた著書です。他のアドラーの著書と同様、専門用語が使われていない本書を、アドラー心理学全般について知りたい人は興味深く読むことができるでしょう。

アドラー心理学は、最初に述べたように、日本ではこれまでほとんど知られていませんでしたが、アドラー心理学を哲人と青年との対話という形で紹介した『嫌われる勇気』（古賀史健との共著、ダイヤモンド社）がベストセラーになって以来、多くの人に知られることになりました。アドラー心理学に関心を持ち、さらに今度はアドラー自身の著作を読みたいという人に読んでほしいのが、この『人生の意味の心理学』です。アドラーは決して特別なことを説いているわけではありません。常日頃、常識や、他者から押しつけられる価値観に疑問を感じていた人が、常識の自明性を疑っていいことに気づくはずです。

先にあげたクルト・アドラーが、父は「人間の尊厳を取り戻した」といっています。それが一体どういう意味なのかを少しずつ明らかにしていきたいと思います。

目次

第1章——人生を変える「逆転の発想」

実践のための心理学

日本では創始者の名前を冠して「アドラー心理学」と一般的に呼んでいますが、アドラー自身は自分の理論を「個人心理学（individual psychology）」と呼びました。個人心理学の「個人（individual）」という言葉は「分割（divide）できないもの（ラテン語ではindividuum《インディウィドゥウム》）」という意味です。アドラーは人間を理性と感情、意識と無意識、身体と心というふうに二元論的にとらえることに反対しました。個人心理学は、「分割できない全体としての人間を考察する心理学」という意味です。なぜ、人間を二元論的に見ないのかという理由はやがて説明します。

アドラーがこの名称を選んだもう一つの理由は、アドラーの関心が「人間一般」ではなく、いわば生身の血の通った目の前にいる「この人」に向けられていたからです。アドラーは人間をタイプで分類することを否定し、他の誰にも代えることができない個人の独自性（uniqueness）に注目したのです。

『人生の意味の心理学』の中で、アドラーは個人心理学について以下のようにいっています。

人間を理解するのは容易ではない。個人心理学は、おそらくすべての心理学の中で、学び実践することが、もっとも困難である。

（第四章　早期回想「パーソナリティへの鍵」）

ここで「実践」という言葉が使われていることが注目に値します。アドラーの理論は非常にシンプルなので、本を読むだけでもすぐにわかったと思う人は多いのですが、例えば、写真撮影について解説した本を読んで構図の取り方や写真撮影の技法を理解したとしても、それだけですぐに上手に写真が撮れるわけではないように、理論を理解するだけでは十分ではありません。実践されるものでなければならないのです。

しかし、アドラーの考えが「一朝一夕に学ぶことができる科学」（『子どもの教育』）ではないというのは、実践を重ねて体得しなければならないという意味だけではありません。理解することにすら抵抗する人が多いのです。アドラーの著書を読むと、私はいつも古代ギリシアのソクラテス*1のことを思い出します。

最初は何か他のことから話し始めるのに、ソクラテスの言葉に引っ張り回され、ついには必ずその人自身のことに話は及び、今、どんな生き方をしているか、それまではどんなふうに生きてきたかをいわされることになるのです。いったんそうなると、その人のいったことを何もかも吟味するまでは、ソクラテスは放してはくれないでしょう。

（プラトン[*2]『ラケス』[*3]）

ソクラテスもアドラーも、生き方を厳しく吟味するので、時に耳を覆い、逃げ出したくなることもあるかもしれません。しかし、これまでの生き方の分析に終始するわけではありません。アドラーは、それどころか、これまでの人生はこれからの人生をどう生きるかには影響を与えないといいます。

一体、なぜこんなことをアドラーがいうのか、アドラー心理学の具体的な内容については、後ほど詳しく説明することとして、まずは、なぜアドラーがこうした独自の理論を構築するに至ったのかを、生い立ちの中から探っていくことにしましょう。

身体的ハンディキャップの影響

アルフレッド・アドラーは一八七〇年、ウィーン近郊のルドルフスハイムで、ユダヤ人[*4]家庭の七人きょうだいの第二子（兄一人、弟四人、妹一人）として生まれました。穀物商を営んでいた父親のレオポルトは、ユダヤ人に多くの権利を保障されたブルゲンラント州出身だったこともあり、経済状況は比較的裕福でした。

幼い頃のアドラーは、父との関係は良好だったものの、母のパウリーネとの関係はあまりよくなかったようです。母が、自分よりも二歳年上の兄ジグムントのほうを可愛がっていたことや、弟が生まれると今度は弟に注目するようになったといったことが、ある伝記には書かれています。上と下にきょうだいがいる中間子の場合、生まれてしばらくは親の注目を浴びて育ちますが、第一子と違って親の関心や愛情を独占することはなく、弟や妹が生まれるとすぐに親の注目は弟、妹に移っていくことになります。こうした経験が背景にあって、アドラーの気持ちは母親から父親へと向かっていったと考えられます。後にこの自分の経験が、アドラーがフロイト[*5]の「エディプス・コンプレックス」[*6]を否定することになった一つの根拠になりました。自分の経験に照らして、男の子が父親を憎み、母親に惹かれるということは決して普遍的な事実ではないと考えたのです。

アドラーは陽気な性格だったため、きょうだい仲はよかったのですが、唯一兄のジグムントとだけは折り合いが悪かったと伝えられています。ジグムントは聡明な第一子として、ユダヤ人の伝統を重んじるアドラー家では優位な立場を占めていました。さらに、ジグムントは健康でしたが、兄とは対照的にアドラーはくる病[*7]を患い、身体を自由に動かすことができませんでした。アドラーはそんな優秀で自在に動ける兄に強いライバル心を抱き、自分は兄の陰のような存在だと感じていたのです。

しかし、両親は体力をつけるために外で遊ぼうとするアドラーの手助けをしました。友だち思いの活発なアドラーは多くの友人と遊ぶようになり、くる病もやがて完治します。もともとは母親を冷淡な人と評していたアドラーですが、後に母親が皆を同じように愛していたということがわかったといい、家族についても当時のことを振り返って、「皆は私を助けるのに骨を折ってくれた。母と父はできうることはすべてしてくれた」といっています。

アドラーは幼い頃から医師になりたいと考えていました。これは三歳年下の弟のルドルフがわずか一歳でジフテリア[*8]で亡くなったこと、そしてアドラー自身も五歳の頃に肺炎で死にかけたことなどがきっかけになったと思われます。

その後、アドラーはギムナジウム[*9]に入学しますが、成績は決して優秀なほうではありませんでした。しかし父親から靴作り職人の徒弟にすると脅されたのを機に一生懸命勉強を始めると、たちまち成績は上がったといわれています。しかし、後に見るように、強制による教育を批判するアドラーの教育論に照らすと、親に脅かされたので怖くて勉強をしたとは考えられません。

ともあれ、ウィーン大学の医学部に入学しましたが、人類を救う最善の手段として医師になりたいと思っていたアドラーは、実験や診断の正確さばかりにこだわり、患者自身へ関心を向けない大学の講義には興味を持つことができませんでした。そこで、意欲を失わないために、大学の近くにあるカフェで友人と談笑している姿がしばしば見られました。ちなみに、当時のウィーン大学では精神科の科目は必修ではなかったので、大学では精神科医としてのトレーニングを受けてはいません。アドラーが在籍していた頃、フロイトがヒステリー*10について講義をしていましたが、この講義に出席していませんでした。

フロイトとの出会いと確執

一八九五年に大学を卒業したアドラーは、最初は眼科医として働き、後に貧しい人々が多く住むレオポルトシュタットに診療所を開業し、内科医として患者の治療にあたることになります。診療所の近くにはプラーター遊園地*11があり、患者の中には遊園地で働く軽業師や大道芸人がたくさんいました。アドラーは並外れた体力と技で生計を立てている彼らの多くが、生まれついての虚弱さに苦しみながら、後に努力してその弱さを克服したことを見ていました。自分自身の病弱を克服したことと相まってアドラーは彼らの「器官劣等性」に関心を持つようになります。器官劣等性とは、生活に困難をもたらすような身体的なハンディキャップのことです。ハンディキャップを持っている人は、そこから生じるマイナスを何かで補償しようとします。それが何らかの形で性格形成や行動に影響を与えているとアドラーは考えたのです。後にアドラーは、客観的な劣等性から主観的な劣等感へと関心を移すことになります。器官劣等性が必ず劣等感を引き起こすわけではないことを自分の経験からも知っていたからです。

当時のアドラーは健康や病気と社会的要因の関係について興味を持ち、『仕立業のための健康手帳』と題する公衆衛生に関する小冊子を刊行しています。社会主義にも傾倒していました。大学を卒業した二年後に、ライサ・エプシテインというロシア人女性と結婚しましたが、二人はウィーンで開かれていた社会主義*[12]の勉強会で知り合いました。

その後、アドラーは一九〇〇年に出版されたフロイトの著書『夢判断*[13]』を読んだのをきっかけに、精神医学に興味を持つようになります。当時批判的な意見が多かった『夢判断』について、フロイトを擁護する投書をアドラーが新聞社に送り、それを知ったフロイトが自分の主宰するセミナーに招待したのが、二人の交流のはじまりと伝えられています。

フロイトのセミナーは後に「ウィーン精神分析協会」へと発展し、中核メンバーだったアドラーは会長を務めるまでになりますが、組織が大きくなるにつれて会の雰囲気は変わっていきました。当初は会員たちがお互いを認め合い、協力しながら研究を行っていましたが、徐々にメンバー間の競争が激しくなり、対立することが増えていきました。

そうした動きにもアドラーは同調することなく、争いの調停役に徹していましたが、結局は一九一一年に会を離脱してしまいます。退会を決心した一番の理由は、フロイトとの学説の相違です。フロイトが「リビドー（性的欲求）」が人間のパーソナリティの基礎であると考えたのに対し、アドラーが劣等感をリビドーに代わるものとして持ち出し、フロイトの理論とは相容れない理論を提唱したことはフロイトにとって脅威以外の何ものでもありませんでした。後に見るアドラーの目的論も、心の苦しみの原因を過去と客観的な事実に見るフロイトの理論とはまったく異なった見解でした。九人の仲間とともに協会を脱退したアドラーは「自由精神分析協会（翌年に個人心理学会と改称）」を新たに設立しました。

アドラーはその後も、自分が「フロイトの弟子」と呼ばれることを非常に嫌っていました。アドラーは生涯、自分が対等の研究者としてフロイトの研究会に招かれたということを示すために、フロイトから受け取った招待状を持ち歩いていました。

戦争の中での「共同体感覚」の発見

やがて、第一次世界大戦が勃発。当時四十四歳だったアドラーは、徴兵は免れましたが、軍医として参戦し、陸軍病院の神経精神科に所属しました。アドラーは戦争神経症に罹患《りかん》して入院してくる兵士が、退院後、再び兵役に就けるかどうかを判断しなければなりませんでした。前線に戻った兵士を殺すことになりうるこの任務は、戦争は組織的な殺人であると考えていたアドラーにかなりの精神的苦痛を与え、眠れぬ夜を過ごすことになりました。

この戦争の経験はアドラーにとって思想の大きな転機になりました。後に詳しく説明しますが、戦争を機に「共同体感覚」という思想に到達しました。共同体感覚とは、他者を「仲間」と見なす意識です。フロイトは戦争を経験する中で、「人間には攻撃欲求*14がある」と結論づけましたが、これに対してアドラーは、「人間は仲間である」という、フロイトとはまったく逆の思想に到達したのです。

終戦後、ロシア革命*15の現実を知ってマルクス主義に失望したアドラーは政治では社会を変えることはできないと考え、育児や教育によって、社会を構成する人間そのものを変えることに関心を抱くようになります。第一次世界大戦後の困窮を極めるオーストリアで、ウィーン市一区の労働者委員に就任したアドラーは、教育改革の一環として多くの児童相談所を設立しました。アドラーが作った児童相談所は、悩みを持つ子どもや親の治療の場としてだけでなく、教師やカウンセラー、医師などのトレーニングの場としても活用され、アドラー自身も公開カウンセリングの場を設けて、自分の治療法を積極的に公開するようになります。

こうした活動を続けるうちに、アドラーの心理学はオーストリアを越えて、国際的に認められるようになり、ヨーロッパ諸国、やがてアメリカでも講演や講義をするようになって、アメリカで過ごすことが多くなりました。一九三二年にはロングアイランド医科大学の教授に就任。この年にアメリカで出版されたのが『人生の意味の心理学』です。最初の頃は、ウィーンに年に二ヶ月だけ滞在し、それ以外の期間はアメリカで活動していましたが、ヒトラーのナチ党*16が政権を握ったことを契機にして、ウィーンに留まることを断念し、アメリカに永住する決心をしました。一九三四年のことでした。

一九三五年には家族と共にアメリカで暮らすことになったアドラーですが、幸せは長くは続きませんでした。ハンガリー人のジャーナリストと結婚した長女のヴァレンティーネが一九三七年に行方不明になってしまったのです。過密な講演のスケジュールに加え、ヴァレンティーネの失踪に心を痛め、心配で眠れぬ日が続きました。失意の中、ヨーロッパへ講演旅行に出かけたアドラーは、講演先のスコットランドのアバディーンに滞在中、心筋梗塞《こうそく》で倒れて六十七歳でこの世を去ることになります。一九三七年五月二十八日のことでした。ヴァレンティーネ失踪の真相は、アドラーの死後に判明しました。スターリン[*17]の秘密警察に逮捕され、一九四二年頃にシベリアの収容所で亡くなっていたのです。娘の失踪がアドラーの死を早めたことは疑いありません。

意味づけを変えれば未来は変えられる

アドラーの生涯を簡単に振り返ってみました。ここからは、アドラー心理学とはいったいどのようなものなのかを探っていくことにします。

まず、アドラー心理学の特徴として挙げられるのが、人は誰もが同じ世界に生きているのではなく、自分が「意味づけ」した世界に生きていると考えることです。同じ経験をしても、意味づけ次第で世界はまったく違ったものに見え、行動も違ってきます。アドラーはこのことを説明するために、子ども時代に不幸な経験をした人を例に挙げています。

子どもの頃に同じような不幸な経験をした人がいるとします。ある人は、「自分が不幸な経験をしたことで、それを回避する方法を学んだのだから、自分の子どもが同じ経験をしないように努力しよう」と考えます。しかし、一方で「自分は子どもの頃に苦しんでそれを切り抜けたのだから、自分の子どもも苦しさを乗り越えるべきだ」と考える人もいます。また「自分は不幸な子ども時代を送ったのだから、何をしても許されるべきだ」と考える人もいます。

このように、「不幸な経験」をどう意味づけるかによって、その後の生き方や行動は大きく変わります。アドラーは意味づけの重要性を次のように述べています。

いかなる経験も、それ自体では成功の原因でも失敗の原因でもない。われわれは自分の経験によるショック——いわゆるトラウマ——に苦しむのではなく、経験の中から目的に適うものを見つけ出す。自分の経験によって決定されるのではなく、経験に与える意味によって、自らを決定するのである。そこで、特定の経験を将来の人生のための基礎と考える時、おそらく、何らかの過ちをしているのである。意味は状況によって決定されるのではない。われわれが状況に与える意味によって、自らを決定するのである。

（第一章　人生の意味「子ども時代の経験」）

今の自分が生きづらいのは「幼い頃に親の愛が足りなかったからだ」とか、「親から虐待を受けたからだ」と、過去に親から受けた教育を原因だと考える人は少なくありません。しかし、過去の経験が私たちの何かを決定しているのではなく、私たちが過去の経験に「どのような意味を与えるか」によって自らの生を決定しているとアドラーは考えます。

先の引用の中で、「決定」という言葉が使われていることに注目できます。あることが原因となって、必ずある事柄が帰結すると考えるのが「原因論」です。このような原因論は必ず「決定論」になります。つまり、すべては、過去の出来事や自分を取り巻く状況によって決定されているのであり、現状は変えられないことになってしまうからです。過去の出来事が今の例えば生きづらさの原因であるとすれば、タイムマシンで過去に遡り、過去を変えられるのでなければ、今の問題は解決できないことになります。

しかし、目的論においては、立てられる目的や目標は未来にあります。過去は変えられなくても、未来は変えることができます。もちろん、これは人生が思いのままになるというようなことではありません。むしろ、思いのままにならないことのほうが多いといっていいくらいです。それでも、過酷な人生の中にあって、どう生きていくべきか態度決定をすることはできるのです。

過去の経験は「決定因」ではない

例えば、あなたが誰かに恋をしているとします。「この人が好きだ」と思うと、「なぜ私はこの人のことを好きなのだろうか」と、好きになった理由（原因）を探そうとします。

ところがある日、ふと恋心が冷めてしまったとします。そうなると、それまで大好きだった人が急につまらない人に思えてきます。優しいと思っていた人が、ただの優柔不断な人に見えてきたり、頼りがいがあると思っていた人が、支配的な人にしか見えなくなってきたりします。几帳面《きちょうめん》できちんとした人だと思っていたのに、細かいことにこだわる人に見えてきます。嫌いだと思った途端に、それまでは相手の長所だと感じていたことが短所に思えてくるのです。つまり、好きになった原因は後づけにすぎないのです。

アドラーのいう「目的論」では、ある人と関係を続けたくないと思うことが、欠点を見つけることの目的です。長所を見つけ、好きになるのは、その人との関係を始めたいという目的があったのです。なぜ好きになったか、嫌いになったかという原因（理由）を相手の中に見つけようとすることが、先ほどのアドラーの言葉の中にある「経験の中から目的に適うものを見つけ出す」ということです。関係を始める、あるいは、関係をやめることの理由を、自分の決心を後押ししたり、正当化したりするために探さなければならなかったのです。

ある殺人者は、「なぜあなたは人を殺したのか」と問われて「貧しかったからだ」と答えました。しかし、貧しい家庭に育った人すべてが殺人などの犯罪を犯すかといえば、もちろんそんなことはありません。殺人の事例でなくても、ついカッとして子どもに大きな声を出し、時に手を上げる人がいます。しかし、同じ子どもの行動を見て誰もが怒りを感じるわけではありませんし、怒鳴るわけでもありません。

人の行為は、原因によってすべてを説明し尽くされるわけではなく、自由意志は必ず原因をすり抜けていきます。すべてが必然に解消されると考えるには、自由意志はあまりに自明でヴィヴィッドです。それにもかかわらず、何かによって自分の今の生き方や行動が決定されていると見たい人は、そのように見ることで自分の責任を曖昧《あいまい》にしたいのです。

大声を出すために怒る

原因論と目的論の違いについて、理解するために、次のような事例を考えてみましょう。レストランで、客の男性がウェイターにコーヒーをこぼされて、一張羅《いっちょうら》の背広を汚されました。この客は反射的に大声を出して、店中に響き渡る声でウェイターを怒鳴りつけました。この場合は、コーヒーをこぼされて怒りを感じたから大声を出した、つまり、コーヒーをこぼされ怒りを感じたことが大声を出したことの原因であると考えられます。ところがアドラー心理学では、怒りという感情が原因となって大声を出したのではなく「大声を出すために怒った」と考えます。さらに、この時に大声を出したのも、「ウェイターに謝らせたい、あるいはクリーニング代を支払わせたい」という目的があるからだ――と。

この例では、コーヒーをこぼされたことと大声を出したことの間にほとんどタイムラグがないので、いかにもコーヒーをこぼされたことが大声を出したことの原因のように見えますが、もしも美人のウェイトレスだったら、瞬時に取るべき行動を判断して、怒鳴る代わりに「大丈夫です」と笑顔で答えたかもしれません。

悲しみという感情も「相手の同情を引く」という目的を叶えるための手段になることがあります。不安の感情も同様です。「不安なので外に出られない」のではなく、外に出ないという目的のために不安という感情を創り出しているのです。

選択のすべての責任は自分にある

プラトンは、対話篇[*18]の中でソクラテスに「誰一人として悪を欲する人はいない」と語らせています。「悪を欲する人もいる」と普通には考えられるところから、この言葉は「ソクラテスのパラドクス（逆説）」として知られています。しかし、ここで使われている「悪」、それの対義語である「善」には道徳的な意味はなく、それぞれ「ためにならない」「ためになる」という意味です。そうなると、この言葉の意味は、誰も自分のためにならないことはしないということですから、当たり前のことをいっているともいえます。

問題は、自分が「善」と思ってしていることが、実際には自分のためになっているとは限らないということです。例えば、ダイエット中の人の目の前にケーキが出されたとします。この場合、「おいしそうだから食べたい」という気持ちと、「太るから食べてはいけない」という気持ちが心の中で葛藤するのではありません。意識と無意識というようには分割できない全体としての私が目の前にあるケーキを食べるか食べないかの判断を下していると考えるのです。

そこで、ケーキを食べようと決心したのであれば、その瞬間は「食べることが自分にとっての善である」と判断したことになります。後になって「食べなければよかった」と、そのように判断したことを悔やむことになるかもしれません。しかし、食べる選択をしたその瞬間は、その人にとってはケーキを食べることが善だったわけです。

ケーキがおいしいかそうでないかというようなことであれば、各人の好みですし、その判断が人によって違っていても何の問題もありませんが、それが身体のためになるかならないかということについては、個人の恣意で決めることはできません。幸せについても同じです。人からどれほど幸せだと思われても、実際に幸せでなければ意味がありません。

どうすることが善なのか、つまり、何が自分にとってためになるかの判断は自分でするしかありません。しかし、その判断が常に正しいはずはありませんから、いつも判断の是非を吟味する必要があります。

さらには、自分にとっての善を実現するためにより有効な方法があれば、それをできるようになります。怒りにかられついカッとしたという人でも、自分の怒りが何を目的にしているのか、その目的を達成するためにより有効な方法があることがわかれば、怒らないですみます。怒りを抑えるというよりは、怒りの目的を知ることで、怒りに代わる方法があることがわかれば、怒らなくなります。

今が変われば過去すらも変わりうる

先ほど、未来を変えることができるといいましたが、過去すら変えることは可能です。過去も意味づけているからであり、過去のことを思い出す人の「今」が変わるからです。

アドラー心理学のカウンセリングでは「早期回想」といって、子どもの頃の記憶を話してもらうことがありますが、ある私の友人はこんなシーンを思い出しました。

友達三人と一緒に道を歩いていた時、向こうから野良犬がやってきました。彼は母親から常々「走って逃げようとすると犬は追って来るから、じっとしていたほうがよい」と聞かされていたので、他の友人たちは逃げたのに自分だけはその場にとどまっていました。そうしたら、犬に足をガブリと噛《か》みつかれてしまった――そこで彼の記憶は途切れていました。もしもこれが今起こっていることであれば、話はそこで終わるはずはありません。

「こんなことがあってからこの世界は危険なところだと考えるようになった」。犬に噛みつかれたことが、世界が危険なところだと考えるようになった原因だと彼はいいたいのですが、目的論的にいえば、この世界を危険なところだと考えるために、過去に無数にあるはずの記憶の中から、他ならぬ犬に噛まれたことを思い出したのです。そして、彼が世界を危険なところだと思いたいのは、人との関わりを少なくとも積極的には持ちたくないという目的があるのです。

しかし、時を経て、彼は「この世界はそんなに怖いところではない。周りの人も怖い人ばかりではないし、仲間だっている」と考えられるようになりました。すると、彼は忘れていたことを思い出しました。

犬に噛まれた後に「見知らぬおじさんが現れて、泣いている僕を自転車に乗せて近くの病院に連れていってくれた」——というのが、彼が思い出した記憶の続きでした。犬に噛まれたところまでは同じですが、その後に「困った時に人に助けてもらった」という部分が加わったことで、ストーリーはまったく違ったものになりました。先の記憶は、世界は危険なところであるという彼の世界像を裏づけるために思い出されたのですが、後の回想は苦境にあった時に助けられたというストーリーに変わってしまっています。このように世界について「今」している意味づけが変われば、過去も変わっていくことがあるのです。

変われない？　変わりたくない？

ここまでに何度か「意味づけ」という言葉を使ってきましたが、アドラーは、この世界、人生、自分についての意味づけを「ライフスタイル」と呼びました。自分のことを自分がどう見ているか（自己概念）、他者を含む世界の現状についてどう思っているのか（世界像）、自分および世界についてどんな理想を抱いているのか（自己理想）――この三つをひっくるめた信念体系がライフスタイルです。

文章を書く際の言葉遣い、テンポやリズムなどを総称して「文体」といいますが、文体のことを英語ではstyleといいます。アドラーのいうライフスタイルは、私たちが生まれてから死ぬまで書き続ける人生という「自叙伝」を書く時の、私たち一人ひとりの文体のようなものです。夏目漱石と森鷗外とでは文体が異なるように、一人ひとりがそれぞれのライフスタイルを持っているとアドラー心理学では考えます。

アドラーは『人生の意味の心理学』の中で、「五歳の終わりまでに自分のライフスタイルを採用する」といっていますが、私は、ライフスタイルが形成される時期はもう少し遅く、十歳前後だと考えています。ライフスタイルは生まれつきのものではなく、自分が決めるものです。さまざまなライフスタイルを試してみて、ようやく自分なりに

「これでいこう」と決心するのが十歳頃です。これは自分自身で選び取ったものなので、もしも変えようと思えば、その後の人生の中で変えることができます。

しかし、人生の途中で違うライフスタイルを選び直すことは、簡単ではありません。ライフスタイルは自分や世界についてのものの見方であるとともに、問題を解決する際の定型パターンのような役目を持っているので、このパターンを一度身につければ、その時々で解決の仕方を新たに考え出さなくてすみますが、他方、融通が利かず、新しい状況に適切に対応できないこともあります。ですから、このパターンが一度作られてしまうと、それを変えるのは容易ではありません。違うライフスタイルで問題を解決しようとすると、たちまち未知の世界に放り込まれることになるからです。ライフスタイルを変えようと思ってもなかなか変えられない例を一つ挙げておきましょう。

まだそれほど親しくはないけれど、あなたが日頃から密かに好意を抱いている人が、向こうから歩いてきたとします。でも、その人は、なぜかすれ違いざまにあなたから視線を逸《そ》らしてしまいました。この時、あなたなら相手の行動をどう解釈する（意味づける）でしょうか。

ほとんどの人はその様子を見て「私は嫌われているのではないか」「避けられているのではないか」と解釈します。しかし、すべての人がそう解釈するわけではありません。中には、「風が強いからコンタクトレンズがずれたのだろう」と思う人もいるでしょうし、「私に気があるから、わざと意識して目を逸らしたのではないか」と思う人もいるでしょう。そのように解釈できたらどんなに幸せだろうと思いますが、多くの人はなじみの解釈から離れることはできません。

なぜなら、「私など相手にされていないのだ」と解釈したほうが、自分にとって実は楽だからです。「目を逸らしたのは相手が自分に好意を持っているからだ」と意味づければ、「話しかける」というような次のステップに踏み出す必要が出てきます。しかし、たとえ勇気を振り絞って話しかけたとしても、無視されるかもしれませんし、運良く交際が始まったとしても、その先、振られないとも限りません。

それで多くの人は「わざわざ未知の世界に足を踏み出すよりは、今のままのライフスタイルに固執したほうがいい」と思ってしまうのです。つまり、変われないのではなく変わりたくないのです。「できない（can't）」のではなく、「したくない（won't）」と考えて、変わろうと思えば変われるのに、変わらないでおこうという選択をしているのです。

では、どうすれば今のライフスタイルを変えることができるのでしょうか。変わるためには、自分が今どんなライフスタイルで生きているのかを知っておく必要があります。一度身に付けたライフスタイルは、いわば眼鏡やコンタクトレンズのようなもので、常にそれを通して世界を見ているため、使っていることすらも自分では忘れてしまっていますし、他の人には見えても、自分には見えません。だからこそ、自分が今までどんな眼鏡やコンタクトレンズを使ってこの世界を見ていたのかを意識化することが、ライフスタイルを変えるためには必要なのです。

何がライフスタイルを決めるのか

何がライフスタイルを決めるかといえば、本人の決断しかありません。ライフスタイル形成の決定因は、本人の決断なのです。そう考えなければ、同じ親から生まれ、ほぼ同じ環境で生まれ育ったきょうだいのライフスタイルの違いを説明することはできません。

とはいえ、私たちは何もないところでライフスタイルを選んだわけではありません。そこには少なからず、ライフスタイルの選択に影響を及ぼすものがあります。ライフスタイルを選択する時に、何がどのように影響を与えうるのかを知ることは、今の自分のライフスタイルを意識化する際に必要です。別の選択肢があったこと、今も昔も相手を変えて同じことをしていることを知れば、新しいライフスタイルに踏み出せるからです。

では、ライフスタイルを決定する際の影響因と考えられるものにはどんなものがあるのか、順に見ていきましょう。まず一つ目は「遺伝」です。

多くの人は遺伝の影響を大きく考えますが、アドラーは、遺伝の影響を重視しません。子どもの性格が親に似るのは、長年一緒に暮らしているうちに親を模倣するようになっただけとも考えられます。幼い頃からずっと一緒に暮らしていると、話し方やしぐさ、声の出し方、口調などが似てきても不思議ではありません。

アドラーは「大切なのは何が与えられているかではなく、与えられているものをどう使うかだ」（『人はなぜ神経症になるのか』）といっていますが、「何が与えられているか」ばかりに注目し、自分の能力に限界があると考えたい人は多いように見えます。その際、遺伝が引き合いに出されるのですが、アドラーは、教育における一番の問題は、初めから自分に限界があると考えて課題に取り組まないことだと考えています。

ただ、先に見た「器官劣等性」は、ライフスタイルの形成に大きな影響を与えるとアドラーは考えました。しかしこれについても、ハンディキャップを持った人が必ずしも依存的になるというわけではなく、アドラー自身がくる病を克服したように、本人が人生の課題にどう取り組むかでその後の生き方は変わってきます。アドラー心理学は「所有の心理学」ではなく「使用の心理学」だといわれるように、何が与えられたかは重要ではなく、それをどう使うかが大切なのです。

ライフスタイルへの影響因として二つ目に考えられるのが「環境」です。ここでいう環境とは、きょうだいや親子などの対人関係のことを指します。「きょうだい関係」は次に見る親子関係よりもライフスタイルの形成に影響を及ぼします。ただし、あくまでも「傾向」であって、何番目に生まれたから、必ずライフスタイルがこうなるというわけではありません。

例えば第一子の場合、生まれてしばらくの間は、王子様、王女様のように親の愛情や注目を一身に受けて育ちます。しかし、下に弟や妹が生まれると、途端に王座から転落することになってしまいます。この事態をどう解釈するかは人によって違いますが、多くの場合は「あなたは今日からお兄さん（お姉さん）よ」と親にいわれたのをきっかけに、それまで自分でできなかったことでも自力でしようと考え、勤勉な努力家になります。しかし、問題行動を起こしたり、現状を維持したいがために保守的になったりする子どももいます。

中間子は、はじめから上に兄や姉がいて、ほどなく弟や妹が生まれるため、一度も親の愛情、注目、関心を独占したことがない状況で育つことになります。そのため、親の注目を集めたいと考えて問題行動を起こすかもしれませんし、逆に親はかまってくれないのだから、自分で何とかしようとして他のどのきょうだいよりも自立することもあります。

末子は、第一子や中間子と違って「あなたは今日からお兄さん（お姉さん）よ」といわれることはありません。そのため、自分で努力せずに人に頼る依存的な子どもになるかもしれません。しかし、他方、人懐《ひとなつ》っこい人になるかもしれません。講演や講義の後で、質問を募ると、最初に手を挙げるのは末っ子であるということがよくあります。第一子として育った人だと「こんな質問をして笑われないだろうか」と考えて手を挙げようとはしませんが、末っ子は平気でどんなことでも質問します。そういう人のほうが学びは大きいのです。

単独子の場合は、対人関係の葛藤を経験することが少ないため、同年代との付き合いが下手になることがあります。他方、自立的になり、他者と一緒に生きていく努力をする子どもになるかもしれません。単独子のライバルは他のきょうだいではなく、父親であり、母親に甘やかされた子どもは、マザー・コンプレックスを発達させることになるかもしれないとアドラーはいっています。

親の価値観の影響

次に、もう一つの環境要因である「親子関係」について見ていきましょう。家族（親子）におけるライフスタイルの影響因には二つあります。

まず一つ目は「家族価値」です。家族価値とは、学歴を重要と考えるのか、勉強などせずともたくましく生きていけばいいと考えるのか――といった、それぞれの家族が持っている固有の価値観のことです。親の価値観に従うか従わないか、あるいはまったく別の価値観を選ぶかは子どもが決めるのですが、あまりに強い家族価値は、子どものライフスタイルの選択に大きな影響を及ぼすことになります。

両親が二人とも同じ考えを持っている場合、あるいは別々の価値観を持った両親が絶えず議論しているような場合は、家族価値は強力なものとなります。一方、父親、母親どちらか一方だけが強い価値観を持ち、片方がそれを取り合おうとしない場合は、その価値観は子どもにもそれほど影響を与えません。

二つ目は「家族の雰囲気」です。家庭内で何かを決定する際のルールとでもいうべきものが家族の雰囲気です。父親あるいは母親が権威的で家族の中で常に主導権を握っている家庭もあれば、親も子どもも対等であると考えて、すべてのことを民主的な話し合いによって決める家庭もあります。こうした家庭内のルールは、子どもが意識せずとも身に付けてしまうので、自分が生まれ育った家庭とは雰囲気が大きく違った家庭で育った相手と結婚した場合などに問題となることがあります。自分にとっては当たり前だと思っていたことが、相手にとっては当たり前でないということが明らかになってくるからです。

さらに「文化」も、ライフスタイル決定への影響因になります。育った国や地域の文化によって、行動スタイルや考え方には大きな違いがあります。例えば日本で育った人は、直接言葉で主張しないで間接的に意思表示をしたり、空気を読み、人の気持ちを思いやったり気配りをしたりすることを美徳だと考えますが、このようなことは他の文化圏で育った人にとっては自明のことではありませんから、そのことに気づかず関わろうとすれば、たちまちぶつかってしまいます。

他の人が何を感じ思っているかが本当にわかればたしかに美徳といえるでしょうが、実際にはわかりません。その上、人の気持ちや考えがわかるべきだという人は、同じことを他の人にも要求します。他の人も自分の気持ちや考えを言葉を発しなくてもわかるべきだと考えるのです。しかし、言葉を発しなければ、わかるはずはないのです。

対人関係に入っていく「勇気」を持つ

これまで挙げたような、さまざまな影響因のもとで、私たちは自分のライフスタイルを決定しています。決定因ではなくあくまでも影響因だとはいっても、これらはかなり強力です。

悩みを抱えて私のところにカウンセリングにくる人たちに、私は「あなたは自分のことを好きですか？」とたずねることがありますが、ほとんどの人は「嫌いです」と答えます。なぜそう答えるのかについては二つの理由があります。まず一つは、われわれが幼い頃から「賞罰教育」を受けて育ってきているからです。賞罰教育とは、適切な行動をした場合はほめて、悪いことをした場合は罰を与えるという教育方法のことです。教師も親も、子どもの欠点や短所ばかりに注目し、子どもはいつも叱られながら育つことになるため、大人になっても自分のことを好きになれないのです。

もう一つは、自分のことを好きにならないようにしようと決めているからです。自分のことを好きになり自信を持てるようになると、対人関係の中に入っていかねばならなくなります。「私なんか魅力がないし、誰も好きになってくれるはずがない」と思っていれば、人と関わる必要がありません。対人関係の中に入っていかないという目的を持っているので「自分のことを嫌いでいよう」と考えてしまうのです。

そのような人がすべきなのは、結果がどうであれ、対人関係に入っていく「勇気」を持つことです。対人関係は悩みの源泉ですが、生きる喜びや幸せは、対人関係の中に入っていかないと得ることはできません。できないこと、しないことを多くの人は過去に経験したことや自分を取り巻く環境のせいにしてしまいますが、ライフスタイルを選んだのは自分であり、自分で選んだのであれば、いつでも選び直せます。

他者や状況に責任転嫁するのは簡単なことです。しかし、アドラーは、ライフスタイルは自分で選択したものであるということを強調しています。ライフスタイルを変えないでおこうという決心をやめさえすれば、ライフスタイルは変えられるはずです。

ただし、決心するだけでは何も変わりません。まずは、無意識に身に付けてしまった自分のライフスタイルを意識化してみる。その上で、それまでとは違うライフスタイルを選び直すのです。そのためにはどんなライフスタイルを選べばいいのかを知っておかなければなりません。アドラーがどんなライフスタイルを推奨しているかは後に見ていくことにしましょう。

＊1　ソクラテス

前四六九～前三九九。ギリシアの哲学者。著作はなく、問答を通じて相手に自己の無知を自覚させ、徳の探求へと導いた。プラトンのほとんどの対話篇に登場し、人々と問答を交わす。

＊2　プラトン

前四二七～前三四七。ギリシアの哲学者。普遍としての〈イデア〉を真の実在とし、哲学者の統治を国家の理想とした。著書『ソクラテスの弁明』『パイドン』『饗宴』『国家』『ティマイオス』等。

＊3　『ラケス』

プラトンの初期対話篇の一つ。青年の「教育」や「勇気」について、アテナイの有力者・将軍たちとソクラテスが議論する。ラケスは将軍の一人の名。引用は将軍ニキアスがソクラテスを評した言葉。

＊4　ユダヤ人

ユダヤ人の母をもつか、ユダヤ教を信仰する者（ユダヤ教徒）。二世紀に原住地パレスチナを失って世界に〈離散〉した後も、ユダヤ人は各居住地で経典（タルムード）と教会堂（シナゴーグ）を中心とする宗教共同体を形成、民族としてのアイデンティティを維持した。

＊5　フロイト

ジグムント・フロイト、一八五六～一九三九。オーストリアの精神病理学者。ユダヤ人。心理現象の動因である「性欲」が抑圧されて「無意識層」に沈む過程に着目、自由連想法による神経症の治療法〈精神分析〉を創始した。著書『夢判断』『精神分析入門』他。

＊6　エディプス・コンプレックス

両親との関係において幼児が抱く感情的葛藤の総称で、異性の親（男の子なら母親、女の子なら父親）に性的欲望を向け、同性の親に殺意をもつこと。父王を殺して自らの母を妃としたギリシア悲劇の主人公オイディプス（エディプス）王の名から、フロイトが命名した。

＊7　くる病

骨格異常（骨の変形など）や筋緊張低下（筋肉が弛緩して手足がぶらぶら動いたりする）を引き起こす乳幼児の疾病。主としてビタミンD、カルシウム、リンなどの不足による。栄養状態のよくない十九世紀には非常によく見られた。

＊8　ジフテリア

ジフテリア菌の飛沫感染によっておきる上気道粘膜の急性疾患。十九世紀後半のドイツでは死亡率四〇％に達したが、二十世紀半ば以降トキソイドの接種により発症数は激減、現在は稀な病気となった。

＊9　ギムナジウム

ドイツ圏の中等教育機関。呼称は古代ギリシアの青少年訓練所ギュムナシオンに基づく。十六世紀に古典語学校として発足、十九世紀からは大学進学のための準備課程を担う機関と位置づけられた。

＊10　ヒステリー

古代ギリシア時代から知られた疾患で、婦人病の一種とされていた。フロイトはヒステリーを、性別に関係なく、処理できない精神的葛藤が無意識領域に抑圧された際の精神的エネルギーが、形を変えて痙攣、麻痺、朦朧・混迷など多様な心身症状を起こすと解釈した。

＊11　プラーター遊園地

ウィーン中心部に位置するプラーター公園の一角にある遊園地。十九世紀末の大観覧車（映画「第三の男」で有名）完成以後、遊園地として整備され、見世物小屋や映画館がいくつもつくられた。

＊12 社会主義

「生産手段の私有と私的管理、商品の自由競争」という資本主義社会の原則を否定し、「生産手段の共有と共同管理、計画的な生産と平等な分配」を目指す思想と運動で、共産主義・無政府主義・社会民主主義などを含む広い概念。

＊13 『夢判断』

夢の意味とそれが生まれる機制を追究したフロイトの著作。われわれの見る夢を、抑圧された無意識的願望が自我の検閲によりさまざまに歪曲され象徴化されて、現れてきた表現ととらえ、自由連想法によりこれを分析・解釈する精神分析の基本的立場を示した。

＊14 攻撃欲求

フロイトは、攻撃欲求（攻撃性）とは性本能のサディスティックな側面を構成するものであって、性的なものから独立して存在する本能とは考えなかった。しかし、第一次世界大戦での残虐行為を見ることで、生得的な攻撃欲求（攻撃本能）があることを認めることになった。

＊15 ロシア革命

二十世紀初め、ロシアで続いて発生した革命の総称。一九〇五年革命は民主的諸権利・憲法制定を要求。一七年の二月革命で帝政は崩壊し、自由主義的な臨時政府が成立。さらに同年の十月革命では、ボリシェヴィキ主導のソヴィエト勢力が武装蜂起して権力を奪取、社会主義社会を目指すことを宣言した。

＊16 ナチ党

一九二〇年創立のドイツの政党「国民社会主義ドイツ労働者党」の略称（ナチスともいう）。独裁的指導者アドルフ・ヒトラー（一八八九〜一九四五）のもとで、反共主義、全体主義、反ユダヤ主義、アーリア人至上主義を一貫して主張した。

＊17　スターリン

一八七九〜一九五三。ソ連の政治家。ロシア革命に参加、一九二二年から終身ソ連邦共産党書記長。一九三〇年頃には独裁体制を固め、社会主義建設・農業集団化を強行。三六〜三九年には「大粛清」により、数百万人に及ぶロシア人（党員・大衆）とロシア入国中の多くの外国人共産主義者を処刑したとされる。

＊18　対話篇

複数の話者による問答や議論を内容とする、書物の著述形式の一つ。プラトンの著作はほとんどが対話篇で、その多くにソクラテスが何らかの形で登場する。本文「誰一人……」は、初期対話篇『メノン』（副題「徳について」）の一節。

第2章——自分を苦しめているものの正体

今より優れたいと思うのは、人間の普遍的な欲求である

前章では「人は常に自分のためになること（善）を追求して生きている」――という話をしました。問題は何が自分にとって善であるかという判断を誤ることがあるということです。それでも、私たちは善を追求していますし、今よりも優れた存在になりたいと思いながら日々を生きています。アドラーはこれを「優越性の追求」と呼びました。

では、なぜ私たちは優越性を追求せずにはいられないのでしょうか。それは、人間は誰もが無力感を持ってこの世に生まれてくるからです。生まれてすぐの赤ん坊は一人で立ち上がることも、話すこともできません。親や他者の協力がなければ片時も生き延びていくことはできません。牛や馬などほとんどの動物の子どもが生まれてすぐに歩き始めることを考えると、いかに人間が弱くて無力なのかがわかります。無力な存在としてこの世に生を受けたからこそ、人間は何とかしてその状態から抜け出したいと願うのです。

アドラーは、このような優越性の追求を人間の普遍的な欲求と考え、次のようにいっています。

すべての人を動機づけ、われわれがわれわれの文化へなすあらゆる貢献の源泉は、優越性の追求である。人間の生活の全体は、この活動の太い線に沿って、即ち、下から上へ、マイナスからプラスへ、敗北から勝利へと進行する。

（第三章　劣等コンプレックスと優越コンプレックス「優越性の目標」）

優越性の追求と対をなすのが「劣等感」です。アドラー心理学では、優越性の追求と劣等感は誰もが持っているもので、どちらも努力と成長への刺激となるものと考えます。劣等感というと、他者と自分との比較から生じるものと考えられますが、ここでいう劣等感とは他者との比較ではなく、「理想の自分と現実の自分との比較」から生じるものです。アドラーはこの劣等感こそが、人類のあらゆる進歩の原動力となっていると考え、次のようにいっています。

例えば、科学の進歩は、人が無知であることと、将来のために備えることが必要であることを意識している時にだけ可能である。それは人間の運命を改善し、宇宙についてもっと多くのことを知り、宇宙をよりよく制御しようとする努力の結果である。実際、私には、人間の文化のすべては劣等感に基づいていると思える。

（第三章　劣等コンプレックスと優越コンプレックス「劣等コンプレックス」）

たしかに、私たちは宇宙のことを知らないからこそ、宇宙のことをもっと知りたいと考えるようになります。知らないという劣等感と、もっと知りたいという意味での優越性の追求は人間や世界にとって有用なものです。しかし、一方でアドラーは、強すぎる劣等感と過度の優越性の追求は、それぞれ「劣等コンプレックス」「優越コンプレックス」と呼び、いずれも人生に有用ではない面にあると考えました。

見かけの因果律と人生の嘘に惑わされるな

では、劣等コンプレックス、優越コンプレックスとは、具体的にはどんな状態を指すのでしょうか。まずは劣等コンプレックスについて説明しましょう。

アドラー心理学では、劣等感を「言い訳」に使うことを劣等コンプレックスと呼んでいます。劣等コンプレックスとは、「AであるからBができない」、あるいは「AでないからBができない」という論理を日常生活で多用することです。このAとしてトラウマ*1や神経症*2など自他ともに否定できないことを持ち出し、だからBができないのだと主張するのです。

日常生活の中でも劣等コンプレックスの論理を使うことはよく見られます。例えば子どもが朝起きて「学校に行きたくない」といったとします。ただ行きたくないというだけでは親は許してくれないけれど、体調が悪いといえば納得してくれるだろう——そう考えた子どもは「お腹が痛いので、今日は学校には行けない」と親に告げることになります。これは仮病でも詐病《さびょう》でもなく、本当にお腹が痛くなるのです。とはいえ、こうしたケースのほとんどは親が学校に連絡をして、晴れて休めることになった途端、学校に行かないという目的を達成できたことになりますから、痛みは必要ではなくなります。

この子どもの場合、「AであるからBができない」という論理で学校を休もうとしますが、Bをしないための言い訳、口実としてAという理由を持ち出しているだけなのです。AとBには実際には因果関係はありません。Aだから必ずBができないわけではないからです。これをアドラーは「見かけの因果律」と呼んでいます。そして、自分が学校を休もうと決めたのに、お腹が痛いので学校に行けないと、親ばかりか自分をも欺《あざむ》いていることになりますが、このように、口実を持ち出して人生の課題に直面しない事態を指して「人生の嘘」と呼んでいます。劣等コンプレックスとは、見かけの因果律を立てて、人生の課題から逃げようとすることです。

赤面症*3を治したいという女子学生が「赤面症が治ったら何をしてみたいですか」とたずねられ、「想いを寄せている男性に告白したい」と答えたとします。本人は「赤面症だから男性とつきあえない」と思い込んでいますが、実際には「告白して振られるのが怖いから、その人との対人関係に入って行きたくない」ので、対人関係を回避するための理由として赤面症を創り出しているのです。

本来、劣等感は建設的に補償するしかありません。例えば自分が理想とする状況に到達していないと思った場合は、もっと勉強しよう、もっと努力しようと考えて、建設的な努力をするしかないのです。しかし劣等コンプレックスのある人は、しないこと、できないことの言い訳ばかりを探し、現実の課題から目を背けようとしてしまいます。「もしも……だったら」という言い方もよくします。もしも学歴が高ければ、もっと出世していたのにとか、成功するのにというような言い方です。学歴があれば成功するかどうかは措いておくとしても、働きながら通信制の大学や放送大学で学ぶことはできるはずです。仕事で英語が必要ならば、今日家に帰ってすぐに英語の勉強を始めればいいのです。それなのに、そういう努力をしないとすれば、やればできるという可能性の中に生きたいからであり、現実的な努力をして結果が出ることを怖れているからです。

そのような人は、可能的に自分は優秀なのだと思いたいのであり、優越コンプレックスを持っています。

あなたが思っているほど、誰もあなたに期待していない

優越コンプレックスは劣等コンプレックスと対になるものです。自分を実際よりも優れているように見せようとするのが、優越コンプレックスを持つ人の特徴といえます。本当に優れている人は自分を誇示したり自慢したりしませんが、優越コンプレックスがある人は、背伸びをして自分を実際よりも大きく見せようとします。学歴や肩書きを誇示したり、高価なブランド品で身を飾ろうとしたり、過去の栄光にすがりつき、自分が輝いていた時代の話ばかりする人、知り合いの手柄をまるで自分のことのように自慢する人も優越コンプレックスがあると考えてよいでしょう。

自分が優れていることをことさらに強調し、それを他者に誇示しようとする人にとっては、実際に優れているかどうかは問題ではありません。彼らには、ただ「他者よりも優れているように見えること」が重要であり、そのために絶えず他者の評価を気にかけ、他者からの期待に応えようとするのです。

そのような人は他者からどう見られているかを気にしますが、実際には、自分が思っているほど誰も自分に期待も注目もしていないはずです。それなのに人の目を意識し

て、自分で自分についての理想を高くします。他者から期待されていると思っている自分のイメージと、現実の自分があまりにかけ離れてしまうと、現実的に優れようと努力することと自体も断念することになってしまいます。

また、優越コンプレックスを持つ人の中には、自分のことを自慢するのではなく、他者の価値を貶《おとし》めることで、相対的に自分を上に置こうとする人もいます。例えば、仕事とは無関係のことで部下を理不尽に叱りつける上司がそれです。彼らは、仕事の部分では自分は優れていないと思っているので、部下を叱りつけて優位に立とうとするのです。アドラーは、そのような人は本来の仕事の場ではなく、「支戦場」で闘う人だといっています。部下を叱りつけ、部下が落ち込むのを見て優越感を持つのですが、仕事では能力のない人がそうしているといっても間違いありません。アドラーは、他者の価値を落として自分が優位に立とうとすることを「価値低減傾向」と呼んでいます。

いじめや差別も、優越コンプレックスの特徴である価値低減傾向がある人が引き起こすと考えていいでしょう。いじめる側、差別する側の人は、強い劣等感を持っています。だからこそ自分よりも弱い人をいじめたり差別したりすることで、相対的に自分を上に位置づけようとするのです。「いじめは人間として恥ずかしい行為、絶対にやめよう」とだけいってみても、それだけではいじめや差別の問題は解決しません。いじめや差別をなくそうとするのであれば、いじめる側、差別する側の人に、自分に価値があると思えるようになる援助が必要になってくるのです。

優越コンプレックス、実は劣等コンプレックスがある人は、どんな働きかけがされても、変わることは容易ではありません。私なら、理不尽な叱り方をする上司に悩んでいる人に対しては「萎縮《いしゅく》することなく、普通に接してください」と助言するでしょう。上司がいうことが正しければそれを受け入れ、間違ったことをいっていれば反論すればいいのです。対等な人間として接し、萎縮することも、顔色を窺うこともありません。仕事の場面では、誰がいっているかではなく、何がいわれているかにだけ注目すればいいのです。間違ったことをいう上司に何もいえない部下は、取りかかっているプロジェクトが成功しなかった時に、自分はただ上司に従っていただけだといいたいのです。

部下が普通に上司に接していると、上司も変わることがあります。優越コンプレックスを持っている人は、いわば常につま先立ちで背伸びをしているので、実は自分自身もつらいのです。だから部下が普通に接すると「この部下の前では、自分をよく見せようとしなくても普通にしていてもいいのだ」と思えるようになり、少なくともその部下の前では行動が変化していくことがあるのです。

自分がいかに不幸でつらい人生を歩んできたかの「不幸自慢」をする人にも、優越コンプレックスがあるといっていいでしょう。そのような人は、「大変でしたね」と同情の気持ちを示しても、聞く耳を持たず「あなたのような恵まれた人には、私の気持ちなどわかるはずがない」と拒絶反応を示します。そうなると、まわりの人はその人を腫《は》れ物を触るようにするしかなくなってしまいます。一見、このような不幸自慢をする人は、自分を卑下し自分を下に置いているのですが、実は、相手よりも自分が優位な立場に立とうとしているのです。

今の自分のあり方を意識化してみよう

ここまでの話を読んで、自分も劣等コンプレックスや優越コンプレックスを持っていると気づかれた人も多いのではないでしょうか。私たちは「なぜ」自分で気づかないうちに劣等コンプレックスや優越コンプレックスに陥ってしまうのでしょうか。この「なぜ」は、原因ではなく目的です。何を目的にして劣等コンプレックスや優越コンプレックスを持つのかという意味です。アドラーは、次のような例を挙げてその理由を説明しています。

例えば、私が教師ではしごを持ってこさせて、それに登って、黒板の上にすわっ

たと仮定しよう。私を見る人は誰もがおそらく「アドラー先生は気が狂った」と思うだろう。（中略）一つの点においてだけ、私はおかしいのだ。つまり、私の優越性の解釈である。

（第三章　劣等コンプレックスと優越コンプレックス「優越性の目標」）

教師が生徒よりも知識の点で優れているのは当然のことです。知識を得て、それをどう生徒に教えるかについて日々研鑽を積まなければなりません。しかし、知識があるからといって、教師が生徒よりも偉いわけではないので、黒板の上に登って自分が優れていることを誇示する必要はありません。そんなことをしなくても、知識や人格を高めるための現実的な努力をすれば、生徒から尊敬され、信頼されるはずです。それはあくまでも結果であって、生徒から尊敬されたいとか信頼されたいと思うのもおかしいのです。教師が生徒を尊敬し、信頼することとならできますし、それしかできないというのが本当です。尊敬しなさいと強制することはできませんし、黒板の上にすわることで優れていることを誇示する必要などないのです。そのようなことをする教師は自分が教師としては有能ではないと思っているので（あるいは、そのことを認めたくはないので）日々研鑽を積むという現実的な努力を避けて、物理的にすわる位置を高くすることで安心を得ようとしています。もちろん、実際にそんなことをする人がいるとは思いませんが、先に見た理不尽に部下を叱りつけて優越感を持とうとする上司と同様、横柄《おうへい》な態度を取ったり、生徒を叱りつけることで生徒よりも優位に立とうとする教師ならいくらでもいます。

競争する相手は他者ではなく自分である

同様に、劣等コンプレックスや優越コンプレックスから脱却するためには、まずは今、自分が優越性についてどう解釈しているかを意識化することが必要です。自分では正しい優越性の追求を行っていると思っていても、実は間違っているケースが非常に多いのです。

多くの人が陥りやすい間違いの一つは、優越性の追求を「競争」だと思ってしまうことです。私たちは普段、競争社会で暮らしているため、ともすると優越性の追求を「他者よりも優れていようとすること、他者を蹴落としてまで上に登ろうとすること」と考えてしまいます。たとえていうなら、芥川龍之介の小説「蜘蛛《くも》の糸」[*4]で描かれた、自分だけが地獄から抜け出そうとして蜘蛛の糸にすがって登っていく犍陀多《かんだた》、あのイメージです。狭い坂道やロープを使って上へ上へと行こうと思ったら、誰かを押しのけたり、引きずりおろしたりしなければなりません。

しかし、アドラーのいう優越性の追求とはそういうものではありません。競争は、精神的な健康を損ねるもっとも大きな要因です。勝つか負けるかの競争の中に身を置いている人は、たとえ競争に勝っても、いつ負けるかもしれないと思っているため心の休まる暇がありません。

受験勉強を経験した人の多くは、勉強をつらいものと感じていたと思います。しかし、勉強は本来知らないことを学ぶことですから、大きな喜びを与えるはずです。それなのに、勉強は他者との競争であり、苦しくても歯を食いしばってするものだと、いつのまにか信じ込まされてしまった人は、大学などに進学したり、就職が決まったりして、もはや受験する必要がなくなると勉強しなくなってしまいます。また、ただ他者に勝てばいいと思っている人は、勝つためには手段を選ばず、不正行為をするかもしれませんし、勝算がなければ挑戦することもしないかもしれません。

健全な劣等感とは、他者と比較して自分が劣っていることで感じるものではなく、理想の自分との比較の中で生まれるものであり、健全な優越性の追求とは、先に引用したアドラーの言葉を使うならば、自分にとっての「マイナス」から「プラス」を目指して努力することです。病気になった人が少しでも回復したいと思い、摂生したり、リハビリに励んだりする時には、ただ自分にとってのマイナス（病気の状態）からプラス（健康な状態）を目指すこと、回復を望めないとしても、少しでもマイナスからよりプラスであることを目指すことが健全な優越性の追求といえます。

みんながそれぞれ「一歩一歩前に進む」

アドラーがいう優越性の追求とは、このように他の人を押しのけて上へ上へと向かっていくようなものではありません。アドラー自身も「下から上へ」という表現を使っているので、優越性の追求と聞くと、上下をイメージしてしまいますが、そうではありません。平らな地平をみんなが先へと進もうとしている場面をイメージしてみてください。自分より前を歩いている人もいれば、後を歩いている人もいます。そんな中をそれぞれが一歩一歩前に進んで行くのが、優越性の追求です。

平地を歩く場合であっても、そこに他者が存在する限りは、坂道を上る時と同様に競争が起こるのではないか——そう思う人もいるかもしれませんが、前を歩いている人を追い抜かねばならない、後ろからくる人に追い抜かれてはいけないと考える必要はありません。誰かと競争しようとはせずに、自分がただ前を向いて確実に一歩前に足を運ぼうと意識して歩いていれば、それでよいのです。すべての基準は自分です。誰かにたとえ追い抜かれようとも、自分が今いる場所から少しでも前に進むことができれば、それは優越性を追求していることになるのです。

アドラーは、人間の悩みはすべて対人関係の悩みであると考えていますが、対人関係の軸に「競争」があると思っている限り、人は対人関係の悩みから逃れることはできません。

アドラーは優越性の追求について、こんなふうにいっています。

しかし、真に人生の課題に直面し、それを克服できる唯一の人は、その〔優越性の〕追求において、他のすべての人を豊かにするという傾向を見せる人、他の人も利するような仕方で前進する人である。

（第三章　劣等コンプレックスと優越コンプレックス「優越性の目標」）

アドラーがここでいっている「人生の課題に直面し、それを克服する」ことが優越性を追求するということの意味です。しかし、課題に直面し、「真に」それを克服できる人は、ただ自分のためにだけ優越性を追求するのではなく「他のすべての人を豊かにする」つまり、幸福にするということ、「他の人も利する」（前章で使った言葉でいえば、他の人にとっても「善」になる）仕方で「前進」（ここでは上下ではなく、前へ進むことがイメージされています）する人だといわれています。先ほどの勉強の話でいえば、勉強は自分の興味を満たすためだけにするものではなく、ましてそのことで他者よりも優れていることを誇示するためにするものではありません。自分が得た知識を他者のために役立てるために勉強するのです。

すべての学びや行動は意識せずとも何らかの形で他者への貢献につながっています。誰でも他者に貢献することはできるはずです。勉強（行動）する際に他者を意識し、誰かのために役立ちたいと思うのと思わないのとでは、大きな違いがあります。貢献という意識や視点を持てるようになると、おのずと誰かと競おうとは思わなくなります。

劣等コンプレックス、優越コンプレックスがある人の問題は、自分のことだけを考えて生きているという点にあります。自分を大きく見せようとする人は、他者を意識しているように見えますが、他者から認められたいと思っているということなので、自分のことしか考えておらず、他者のことを考えていません。

自分にしか向けられていない関心を、他者に向けていく——そして、他者を競争すべき「敵」ではなく、協力して生きる「仲間」と思えるようになれば、誰かの役に立ちたいという気持ちが生まれてきます。たとえ他者との関係に勝っても、自分のことしか考えないエリートは有害以外の何者でもありません。こうした、他者を仲間だと意識することを、アドラーは「共同体感覚」と呼びました。これについては第4章で詳しく説明します。

＊1　トラウマ

〈心的外傷〉ともいう。ある個人の心理に大きな打撃を与え、その後長く精神の安定をおびやかすような体験。もとは〈傷〉を意味するギリシア語で、外科的な外傷の概念を精神の領域に転用したもの。

＊2　神経症

ノイローゼ（ドイツ語）。精神的打撃や持続する心的葛藤など、心理的な原因によって引き起こされる心身の機能障害。精神疾患に見られる人格の障害はなく、自分は病気だとの自覚がある。不安神経症、強迫神経症、ヒステリーなど。

＊3　赤面症

赤面恐怖症。対人恐怖症（人に対することが苦手・苦痛で、対人関係を避けようとする神経症）の代表的な症状の一つで、赤面そのものよりも、赤面することを恐れる強迫的な観念をいう。

＊4　「蜘蛛の糸」

——地獄の底の血の池でもがく悪人の犍陀多がかつて一度だけ、蜘蛛を助けたことがあるのを思い出したお釈迦様は、蜘蛛の糸を地獄にたらす。喜んで糸をのぼる犍陀多は、大勢の罪人が続いてよじのぼってくるのを見て、思わず、「この糸は己のものだ。下りろ」と喚く。途端に糸が切れ、みな落ちていく。自分だけ地獄から抜け出そうとする無慈悲な心が罰を受けるさまを、お釈迦様はじっと見ている。（一九一八年作）

第3章――対人関係を転換する

すべての悩みは対人関係の悩みである

本章ではアドラー心理学における「対人関係のありかた」について話をします。アドラーは「すべての悩みは対人関係の悩みである」と考えましたが、カウンセリングにくる人の悩みのほとんどは、対人関係に関わるものです。これは当然のことといえます。人間という文字は「人の間」と書きますが、人は一人だけでは「人間」にはなれません。赤ん坊が他者の保護なしには生き延びられないのを見てもわかるとおり、はじめから私たちは他者との関係の中で生きているのです。

もしも、人が一人で生きているのであれば、そこには善悪もないし、言葉もいりません。筋道立てて話す必要がないという意味では、論理すら不要です。しかし、誰か一人でも他者が存在した場合、突然世界は変わります。すべてのことを対人関係を基本に考えなくてはいけなくなるからです。

対人関係の問題は、他者を自分の行く手を遮《さえぎ》る存在、「敵」と見なすことから生まれます。親子関係を例として考えてみましょう。もしも子どもが、親のいうことを何でも聞く従順な存在であれば、何の問題も生じないはずです。しかし、実際には親が「早く寝てほしい、もっと勉強してほしい」と思っても、子どもはなかなかいうことを聞いてはくれません。そうした関係が続くと、やがては互いに相手を自分の「敵」と見なすようになっていきます。これは親子関係に限ったことではなく、夫婦関係や友人関係、職場の対人関係すべてについていえることです。つまり、他者を敵ととらえる考え方こそが、人間関係の悩みを作り出しているといえます。

悩みを抱えてカウンセリングにくる人の多くは、他者のことを、隙あらば自分のことを陥れようとする怖い存在、さらにはこの世界全体を危険なところと見ています。なぜ彼らはそんなふうに思ってしまうのでしょうか。第1章の原因論と目的論の話の中でいったように、「他者との関係の中に入っていきたくない」という目的があるからです。他者と関われば、必ずそこには摩擦が生まれ、憎まれたり、嫌われたり、裏切られたりといったことが生じます。そうなって傷つくのが怖いので、「他者と関わりを持たないようにしよう」と考えるのです。そう思うために他者を敵と見なさなければならないのです。

しかし、実際の外の世界に、彼らが思っているほど怖い人ばかりがいるわけではありませんし、危険な出来事だけが待ち受けているわけでもありません。対人関係は悩みの源泉ではありますが、生きる喜びや幸せも、対人関係の中でしか得ることはできません。それなのに、対人関係を避けようとしていては、幸せになることはできません。対人関係の悩みから逃れようと思うなら外に出るのを避けるのではなく、まずは他者に対する意味づけを変えることが必要になってきます。他者を敵ではなく「仲間」と考えてみれば、人生は大きく変わります。

「自分が世界の中心にいる」という誤り

他者を敵だと考える人の多くに共通しているのが、「自分が世界の中心にいる（いたい）」という意識です。典型的なケースが「広場恐怖症」です。広場恐怖症とは、外の世界を恐ろしいと感じ、家にひきこもって外に出られなくなるという神経症の一種ですが、広場恐怖症の人が外に出ようとしないのは、外の世界が怖いからというよりは家の中にいる限りは、家庭という共同体の中心でいられるからです。家族のみんなが自分のことを心配し、あれこれと奉仕してくれるので、家の中にいる限り非常に居心地がいいわけです。

しかし、家から一歩外の世界に出れば、そこは知らない人ばかりです、彼／彼女は当然、one of them（たくさんの中の一人）になってしまいます。すると、誰も自分に注目してくれなくなる――それが怖いので、彼らは外に出ないで家の中にいようとするのです。広場恐怖症の人は、皆から見られることを怖れているように見えますが、実はその逆で、皆に注目されて世界の中心にいたいと思っているのです。

人間の基本的な欲求のひとつとして「所属感」があります。所属感とは「私はここにいてていいのだ」と、共同体の中に自分の居場所があると感じることです。家庭であれ、学校であれ、職場であれ、自分にとって居心地のいい場所をどこかに持ちたいと思うことは人間にとってごく自然の欲求であり、それは人間の幸せや生きる喜びにもつながっています。

広場恐怖症の人は一見、家の中に所属感を持っているようにも見えますが、それは本当の意味での所属感とはいえません。どこかに所属したいという欲求と、共同体（世界）の中心にいたいという欲求はまったくの別物なのです。

自分を世界の中心だと考えてしまう人の多くは、幼い頃に甘やかされて育った経験を持っています。アドラーは甘やかしの危険性を次のようにいっています。

甘やかされた子どもは、自分の願いが法律になることを期待するように育てられる。（中略）**その結果、自分が注目の中心でなかったり、他の人が彼〔女〕の感情に気を配ることを主な目的にしない時には、いつも大いに当惑することになる。**

（第一章　人生の意味「子ども時代の経験」）

幼い頃に親に甘やかされながら、すべてのものを与えられて育つと、やがては、他者から与えられることを当然だと思い、他者が自分に何をしてくれるかということにしか関心を示さない大人に成長してしまいます。そんな人は、自分が望むことを人から与えられているうちは機嫌がよいのですが、ひとたびそうではない現実に直面してしまうと、不機嫌になったり、時には攻撃的になったりします。

テレビの報道番組や新聞などで、児童虐待や育児放棄のニュースが頻繁に取り上げられているため、現在の日本には、愛情不足の家庭が多いように思われますが、実際には親の側でいえば「愛情過多」、子どもの側でいえば「愛情飢餓」（十分愛されているのにもっと愛されたいと思うこと）が、多くの問題を作っていると考えたほうがよいでしょう。

注目されたい子ども

アドラーは夜尿症について、子どもの親への甘えの意思表示と考え、次のようにいっています。

夜尿はいくつかの目的に役立つ。注目を引くこと、他の人を仕えさせること、昼だけでなく、夜も注目させることである。（第二章　心と身体「心と身体の相互作用」）

子どもの夜尿症の悩みでカウンセリングにくる親には、次のような助言をすることができます。

「おねしょについて言葉をかけるのはやめましょう。『寝る前だから冷たい飲み物を飲まないほうがいいよ』とか、おねしょをしなかった翌朝に『ゆうべはおねしょをしなくてよかったね』などというような、おねしょにまつわるコミュニケーションはすべてやめてください」

このような助言をするのは、親に子どものおねしょに注目しないことを学んでほしいからです。親は、普段から洗濯するものは洗濯機の横にあるカゴに入れることにしておきます。子どもの服がカゴに入れてあれば洗濯します。おねしょをして濡れたパジャマもシーツも同様に、カゴの中に入れてあれば洗濯しますが、もしも子どもがカゴに濡れたシーツやパジャマを入れてなければ洗濯しません。おねしょをした時の責任を引き受ける限り、おねしょをする権利を全面的に認めるということです。

私は子どもの保育園への送り迎えを長年していたので、よく親仲間から子どものことで相談を受けました。ある日、三歳の子どもの食が細くて困っているが、何とかならないかという相談を受けました。話を聞くと、母親は、少しでも子どもに食べてもらいたいと思って、リンゴを兎《うさぎ》の形に切ったり、お子様ランチ風の食事を作ったり、いろいろ工夫をしているということでした。それを聞いた私は、こんな助言をしました。

「子どもだけを特別扱いするのはやめて、家族みんなの料理を大皿に盛って、自分で取り分けて食べるようにしてみましょう。もし、子どもが親の分まで食べようとしたら（小食なのでこんな心配は無用なのですが）注意する必要がありますが、そうでなければ子どもがどれだけ食べたかについては、注目しないでください」

注目しないというよりは、大皿に盛ることで子どもがどれだけ食べたかがあまり気にならないようにこのような助言をしたのです。母親がこのアドバイスを忠実に守ったところ、一週間ほどで子どもはたくさん食べるようになりました。

親が子どものおねしょや小食に注目することをやめた時に、子どもの意識に変化が現れます。「おねしょをしてはだめよ」とか「もっと食べないといけないよ」と親にいわれている限り、子どもは自分が親に注目されていることを知り、「自分は世界（家庭）の中心だ」と感じます。ところが、何もいわれなくなると、状況は一変します。自分が世界の中心ではなくなったと感じた子どもは、とまどいます。しかし、ご飯を食べないでいるとお腹が減りますし、濡れたシーツをそのままにしておくと、翌日も濡れた冷たい布団《ふとん》で寝なくてはならないことになります。

ただし、このような対応をしてもうまくいかないことがあります。二つの問題があります。一つは例えば服がカゴの中に入れてなくてもさほど気にはならない親でも、濡れたシーツとパジャマがそのままにしてあったら、平静ではいられないかもしれないということです。注目しないでおこうと意識することが、かえって子どものおねしょに注目することになってしまいます。小食の場合も同じです。

次に、親がこのような対応をすることによって、おねしょや小食では親の注目を引けないことを理解した子どもは、濡れたパジャマで寝るのはいやなのでおねしょをしなくなり、また、お腹が減るので食べるようになるかもしれませんが、そのような行動に注目しないだけでは、子どもの行動は悪化するかもしれないということです。それまではおねしょをすれば、親から注目を得られたのに、おねしょをしても親を自分に注目させることができず、さらには親を支配できないことを知った子どもは何か別のことを仕掛けてくるかもしれないからです。

アドラーは、神経症者について、その症状の目的（おねしょと同じで、注目され、他者を支配すること）が同じ限り、その症状がやむことはなく、たとえ一つの症状がなくなっても、「一瞬の躊躇《ちゅうちょ》もなしに、新しい症状を身につける」（『人生の意味の心理学』）といっています。子どもにはおねしょなどしなくても、親が自分を見てくれているということを学んでほしいのです。そのために、おねしょに注目しないということは最初にできることですが、それがすべてではありません。どうすればいいのか、さらに詳しくは第4章で見ることにします。

他者の承認は必要か

幼い頃に甘やかされて自分が世界の中心であると考えて育った人は、「承認欲求」を持つようになるかもしれません。しかし、承認欲求があるとさまざまな問題が生じてきます。他者からほめられたり注目されないと、「なぜ自分は認めてもらえないのだ」と憤慨《ふんがい》したり、「せっかくやったのに、ほめられないのなら二度とやらない」と考えるようになってしまうのです。

承認欲求を持つようになった人には、甘やかされて育ったことに加えて、賞罰教育の影響があると私は思っています。そうやって育てられた子どもは、ほめられない（承認されない）とわかると、適切な行動だとわかっていてもそれをしなくなります。

例えば、学校の廊下にごみが落ちていたとします。ごみが落ちていると気づいたら、それを拾ってごみ箱に入れようと考えるのは自然なことでしょう。しかし、賞罰教育を受けて承認欲求を持つようになった子どもは、まわりを見渡して誰かがいる場合はゴミを拾いますが、自分を見ている人が誰もいない場合は、それが適切な行動でないとわかっていてもゴミを拾おうとはしません。拾ったところで誰にもほめられないのなら拾わなくてもいいと思ってしまうのです。他者に注目されることを行動の目的と考える人は、誰かにほめられるために何かをするようになるのです。

他者にほめられたい、承認されたいという人は多いですが（なぜそう思うかを知れば、もはやほめられたいなどとは思わなくなります。これは第4章で話します）、承認されなくても何かをしなければならない場面は人生の中には多々あります。

数年前に私の父が亡くなりました。晩年の父は認知症を患い、私が介護することになったのですが、介護は承認欲求がある人にとってはつらいものになります。なぜなら「ありがとう」という言葉を親からかけられることを期待できないからです。同じことは子育てにもいえます。子どもが親に「ありがとう」ということは、期待できないからです。

では、どうすればよいのでしょうか。介護も子育ても「ありがとう」という言葉を期待するのをやめればいいのです。感謝されようがされまいが、親に貢献できていると感じられれば、それでいいのです。「ありがとう」を期待するのではなく、逆に、今日も一日、親と一緒に過ごせたことに対して「ありがとう」と思えればそれで十分なので、親から感謝されなければ満足できないというのはおかしいでしょう。

多くの人は「あなたにこれだけのことをしたのだから、私にも何かをしてください」と考えます。しかし、生きることは「ギブ&テイク」ではありません。承認欲求がある人はテイクを基本に考えますが、生きることは「ギブ&ギブ」なのです。そんなふうに考えて行動するのは、実際には難しいと思う人があるかもしれませんが、貢献感を持てるようになれば承認欲求は消えます。

三つの方法を意識する

今、話したことにもつながってくるのですが、承認欲求や、世界の中心に自分がいるという意識から脱却するための三つの方法を紹介しましょう。

まず、他者に関心を持つことです。自分にしか関心がない人は他者に関心を持つことはありませんし、もしも自分だったらどうするだろうかという他者の発言や行動を見ても、そこに自分の考えを反映するだけなので、多くの場合、正しく理解することはできません。むしろ、「他の人の目で見て、他の人の耳で聞き、他の人の心で感じる」よう努めなければなりません。もちろん、実際には、見ることを例にとって説明するならば、人はどこまでも自分の目でしか見ることはできませんが、可能な限り、相手の立場に身を置いて、相手の視点に立たなければ、相手の言動を理解することはできません。「他の人の目で見て、他の人の耳で聞き、他の人の心で感じる」ということが第4章で見る「共同体感覚」の一つの定義であるとアドラーは考えました。

次に、他者は自分の期待を満たすために生きているのではないことを知ることです。自分も他者の期待を満たすために生きているわけではありません。他者からよく思われないことを怖れて、他者の期待を満たそうとする人は、自分の人生ではなく、他者の人生を生きることになってしまいます。自分の人生を生きようとすれば、他者との摩擦は必ず起こり、自分を嫌う人も現れるでしょう。しかし、自分の人生を生きる決心をすれば、他者から承認されようとも思わないでしょうし、承認される必要がなければ、承認する他者に依存する生き方をしなくてすむわけです。

他方、もしも自分が他者の期待を満たすために生きているのでないとすれば、同じ権利を他者にも認めなければなりません。他者も自分の期待を満たすために生きているわけではないということです。このように考えれば、他者が自分の思いどおりのことをしないとしても、そのことを不愉快に思ったり、憤《いきどお》りを感じることはなくなります。

「課題の分離」とは何か

第三に「課題の分離」です。これはアドラー心理学を理解する上での重要なキーワードの一つです。

あることの最終的な結末が誰に降りかかるか、その責任を最終的に誰が引き受けなければならないかを考えれば、そのあることが誰の課題かわかります。子どもが勉強しないという相談をよく受けますが、勉強をする、あるいは、しないは誰の課題かを最初に考えます。つまり、勉強しなかったら困るのは誰なのか、勉強しなかったとしたらそのことの責任を最終的に引き受けるのは誰なのかを考えてみれば、答えは明白です。勉強は、親ではなく子どもの課題なのです。勉強をしないで、進学や就職の時に困るとしても、親が困るわけではありません。

対人関係のトラブルは、人の課題に土足で踏み込むこと、踏み込まれることから起こります。ですから、親は子どもに「勉強しなさい」といってはいけないし、子どもの課題なのですから、そもそも「勉強しなさい」とはいえないのです。ですからしばらく勉強のことは話題にしないで、様子をみることを勧めます。

これまでも「勉強しなさい」といわれても勉強しなかったわけですから、実害があるとは思えません。容易に想像できるように、「勉強しなさい」といわれなかったらいよいよ勉強しないでしょう。実際、一週間後に様子を聞くと「やっぱり勉強しません」と親はいい、勉強しないと困るといわれますが、困るのは子どもであって親ではないことを確認します。

子どもが本当に勉強が自分にとって必要だと思ったら、親から何もいわれなくても自主的に勉強に取り組むようになるはずです。

アドラーは、他者の課題に土足で踏み込むことができないことについて、次のようにいっています。

雨が降っていると仮定しよう。何ができるだろう。傘を持っていったり、タクシーに乗れる、でも、雨と闘ったり、負かそうとしても無駄だ。今は、あなたは雨と闘って時間を費やしている。これが、あなたの力を見せることであり、雨に勝っている、と思っている。でも、実際には、他の誰よりも、あなた自身を害しているのだ。

（第四章　早期回想「早期回想の分析」）

自然現象である雨を道具（傘やタクシー）を使って避けることはできますが、雨そのものを止めることは人間にはできません。ここでアドラーがいっている「雨と闘う」とは、感情や力で他者を支配しようとすることです。勉強したくないという子どもの意志を、親は感情や力で支配すべきではないし、支配できるはずもないのです。

子どもの不登校に悩み、「何とか学校に行かせたい」と思っている親の場合も同じです。学校に行くか行かないかは子どもの課題ですから、親が子どもを無理矢理学校に行かせることはできません。親は子どもが学校に行かなかったり、子どもが勉強しなかったりするのを見て、イライラしたり、不安になったりしますが、イライラや不安にどう向き合うかは、子どもの課題ではなく親の課題です。不安や焦燥感を解消するのも親の課題なのです。

子どもが親のいうことを聞いて学校に通うようになったり、勉強するようになれば、親のイライラも解消するのでしょうが、親が子どもに自分の課題を押し付ける、つまり、あなたが勉強しなければイライラするので勉強しなさいとはいえないのです。子どもは親の課題を解決しなければならないいわれはありません。親が自分で解決するしかないわけです。雨が降っている時に、それをやませることはできなくても、傘をさしたり、タクシーに乗れるように、親には仕事や趣味に力を注ぐよう助言します。

今、課題の分離について説明したのは、承認欲求や、世界の中心に自分がいるという意識から脱却するための方法を明らかにするためでした。他の人が自分をどう見るかは、他の人の課題です。他の人の課題には介入できないということの意味は、この場合は、他の人の自分についての評価をどうすることもできないということであり、ましてや他の人に自分のいったこと、したことを承認されたいと思っても、それはちょうど子どもに勉強してほしいと願う親と同じで、他の人に要求できないということなのです。先に使った言葉を使うならば、他の人は自分の期待を満たすために生きているわけではないということです。

他者と協力しなければ超えられない課題もある

自分の人生の課題は自分自身で解決していくしかない――このことは、これまでの話でわかっていただけたと思いますが、他者と協力し合わなければ乗り越えられないこともあります。

課題を分離することは対人関係の最終の目標ではなく、他者との協力は必要になってきます。ただし、その場合も「課題の分離」が前提となります。現状は糸がもつれているような状態で、誰の課題なのかがわからなくなっているので、「これは私の課題、これはあなたの課題」と、もつれた糸をほどく作業をまず行い、何が誰の課題なのかということをはっきりさせなければなりません。その上で、どうしても自分だけでは解決できない課題については、協力を求めてもいいのですし、協力を求められたら、できるだけ協力すればいいのです。これをアドラー心理学では「共同の課題にする」という言い方をします。

では、共同の課題として考えなくてはならないのは、どのようなケースなのでしょうか。会社の上司と部下の関係には、共同の課題にしなければならないことが多々あります。部下が与えられた仕事をこなせない場合、課題の分離からいえばそれは部下の課題となりますが、一方で上司の課題と考えることもできます。上司がきちんと指導すれば部下は仕事をしっかりこなせるようになりますが、反対に、部下が失敗すれば、そのことの責任は上司にもあります。

学校教育の現場も同様です。勉強することは子どもの課題なので、親は子どもの課題に介入する必要はありませんが、教師は生徒の成績が上がらない時に、自分の教え方を棚に上げて生徒の課題といって済ますわけにはいきません。教師の教え方が悪い場合は、それは教師の課題なので、教師が親に「おたくの子どもさんは授業についてこられないようなので、塾にやらせてください」とは本来いえないのです。

共同の課題にするためには、相手が生徒であれば最近の成績のことについて話したいといい、部下であれば、最近の仕事ぶりについて話したいといいます。何事もなければこのような話を教師や上司がするはずはありませんから、話の内容を予見し、身構えるかもしれませんが、このような共同の課題にする手続きを踏まなければ話をすることもできません。もしも、話したくないといわれたら、静観するしかありませんが、事態が切迫し、失敗に終わることがわかっているのであれば、結果が出る前に対処する必要があります。そのためには「今のままだったらどうなると思う？」というような言い方をするしかありませんが、このような言い方をすると、挑戦、威嚇《いかく》、あるいは、皮肉と受け止められてしまいます。そのように受け取られないように普段から関係をよくしておかなければなりません。そのためにも誰の課題かということを意識し、その上で、共同の課題にする手続きを必ず踏むことが大切です。

上司や教師、また親の側から「これを共同の課題にしよう」といい出すのはあまりお勧めできません。協力することは大切なので、共同の課題にすることができるという話をすると何でもかんでも共同の課題にできると考える人は多いですが、そうすることで援助しようと思っているのではなく、自分の思うように部下、生徒、子どもを操作、支配しようとしているのです。大人が子どもの課題に無理矢理に介入しようとするのではなく、子どもや部下から共同の課題にしてほしいという申し出があった場合のみ、きちんと話し合い、協力できるものについてだけ共同で行うのが理想です。

第4章——「自分」と「他者」を勇気づける

共同体感覚とは何か

本章では、『人生の意味の心理学』のメインテーマである「共同体感覚」について解説します。

われわれのまわりには他者がいる。そしてわれわれは他者と結びついて生きている。人間は、個人としては弱く限界があるので、一人では自分の目標を達成することはできない。もしも一人で生き、問題に一人で対処しようとすれば、滅びてしまうだろう。自分自身の生を続けることもできないし、人類の生も続けることはできないだろう。そこで、人は、弱さ、欠点、限界のために、いつも他者と結びついているのである。自分自身の幸福と人類の幸福のためにもっとも貢献するのは共同体感覚である。

（第一章　人生の意味「人生の三つの課題」）

ここで「他者と結びついている」ということが、アドラーのいう「共同体感覚」の意味です。共同体感覚を表現するドイツ語はいくつかありますが、Mitmenschlichkeit《ミットメンシュリッヒカイト》がその一つです。これは人と人（Menschen《メンシェン》）が結びついて（mit《ミット》）いるという意味です。

そして、このMitmenschen《ミットメンシェン》がこれまでも見てきたアドラーがいう「仲間」という言葉の原語なのです。すでに見たように、他者を仲間と見ている人は、その仲間である他者に貢献し、貢献感を持つことで自分に価値があると思えれば、対人関係に入っていく勇気を持つことができます。生きる喜びや幸福は他者との関係からしか得ることはできません。アドラーは以上のことを「自分自身の幸福と人類の幸福のためにもっとも貢献するのは共同体感覚である」と説明しています。

しかし、すべての人間がそのように思って生きているわけではありません。共同体感覚が欠如しているからこそ、人を蹴落としてでも出世したいと考えたり、自分をことさらに大きく見せようとしたり、あるいは他者を支配しようと考えてしまうのです。戦争をはじめとするこの世の争いごとすべてが、共同体感覚の欠如によって引き起こされているといっても過言ではありません。他者を仲間だと考える人は、そのような他者と競争せずに協力し、力を使って問題を安直に解決するのではなく、言葉を尽くして解決しようとするでしょう。国家間の関係についていえば、何か問題が起こっても、戦争するのではなく、外交によって解決することを試みるでしょう。アドラーは、共同体感覚の欠如した人が持つ誤った考え方について、次のようにいっています。

彼〔女〕らが人生に与える意味は、私的な意味である。つまり、自分が行ったことから益を受けるのは自分だけである、と考え、関心は自分にだけ向けられているのである。彼〔女〕らの成功の目標は単なる虚構の個人的な優越性であり、勝利は自分自身に対してしか意味を持っていない。

（第一章 人生の意味「共同体感覚」）

ここでいう「人生に与える意味」とは「人生の意味づけ」のことです。共同体感覚が欠如している人は、人生に「私的な意味づけ」を行い、自分にだけしか関心を向けず、自分の得になることだけを目的として生きています。しかし、人間は一人では生きることはできず、必ず他者と共生しなければならないので、関心は他者にも向けられていなければなりません。優越コンプレックスのある人も、そしてその裏返しの劣等コンプレックスのある人も、共に彼らの目指す優越性は、「個人的」なものであって、それが他者に貢献するかどうかということは問題になりません。彼らの優越性の追求は競争が前提なので、「勝利」は自分自身に対してしか意味を持たないのです。

先に共同体感覚の原語として、Mitmenschlichkeit を挙げましたが、Gemeinschafts-《ゲマインシャフツ》gefühl《ゲフュール》というのが、共同体感覚を表すもう一つの原語です。日本語で「共同体感覚」と訳す時は、これをそのまま日本語に移しています。

この言葉に含まれるGemeinschaft《ゲマインシャフト》、「共同体」というのは、「家族」「学校」「職場」「地域社会」「国家」などの身近な組織や集団だけではありません。アドラーがいう共同体とは「現実の社会」だけを指しているわけではありません。『人間知の心理学』で、アドラーは共同体を次のように定義しています。

（共同体感覚における共同体とは）さしあたって自分が所属する家族、学校、職場、社会、国家、人類というすべてであり、過去、現在、未来のすべての人類、さらには生きているものも、生きていないものも含めた、この宇宙全体を指している。

この言葉から、共同体感覚という場合の、「共同体」は「到達できない理想」であって、決して既存の社会ではなく、「理想としての共同体」を想定していたことがわかります。

人生の意味は全体への貢献である。

人生の意味は貢献、他者への関心、協力である。

アドラーがここでいう「全体」は、「共同体」のことですが、もしもこれが既存の共同体であれば、全体主義になってしまいます。先に所属感は人間にとって基本的な欲求であることを見ましたが、「全体の一部でありたい」（『子どもの教育』[*1]）と思えるからこそ、他者に貢献したいと思えるのです。全体主義という言葉に悪い連想が働くのは、私益しか考えていない一党一派が全体の益を考えていると欺き、全体を支配するということが、歴史上何度もあったからですが、アドラーのいう、人は全体の一部であるというのは、それとはまったく意味が違います。

後のほうの引用にある「他者への関心」という言葉は、何度も使ってきました。アドラーは、英語の著作の中で、共同体感覚をsocial interestという言葉に翻訳しましたが、このsocial interestが「他者への関心」という意味です。多くの人は、「自分への関心」(self interest) しか持っていませんが、他者への関心（social interest）、つまり、共同体感覚を持っている人だけが、他者に貢献し、そうすることで貢献感を持つことができます。

すべては自己受容から始まる

では、なぜ貢献感を持つことが必要なのかが次の問題です。共同体感覚は、一体、どんな感覚（Gefühl《ゲフュール》）なのかを、次の三つの観点から考えてみましょう。
まず一つ目は「自己受容」です。ありのままの自分を受け入れるということです。ありのままの自分ではよくないかもしれませんが、現実の自分を出発点にするしかありません。第1章で「大切なのは何が与えられているかではなく、与えられているものをどう使うかである」というアドラーの言葉を紹介しましたが、考え方はそれとまったく同じです。この「私」は、他の道具とは違って買い替えたり交換したりすることはできません。どれほど癖があったとしても、この自分と死ぬまで付き合っていくしかないわけですから、それをどう使いこなすかを考えていかなければなりません。そのためには、今の自分に価値があると考え、自分を受け入れる必要があります。しかし、実際には、先にも見たように、自分には価値がないと思い、自分を受け入れることができない人は多いのです。なぜそうなのかは、後に考えてみます。

　自分を受け入れることができるためには「自分は特別によくなくても、悪くなくてもよい」と考えることがポイントとなります。多くの人は、自分は特別に優秀でなければならないと考えます。しかし、その優秀であるということは、本来の優秀性ではなく、他者との競争に勝とうとすることを意味すると、他者との競争に勝てず、そのため他者の期待を満たせないと思った途端、一転して、特別に悪くなろうと考えます。悪いことをすれば、他者の注目を引くことができるので特別に悪くなろうとするのです。そのような人は「普通であることの勇気」を持っていないのです。普通であるというのは平凡であるということではなく、特別よくならなくても、悪くならなくても、ありのままの自分を受け入れるということです。

自分を受け入れる一つの方法は自分の短所を長所に置き換えてみることです。幼い頃から、大人から短所や欠点ばかり指摘され続けてきたために、長所は何かと問われても答えられなくなってしまう人は多いのです。例えば、「集中力がない」のではなく「散漫力がある」、「飽きっぽい」のではなく「決断力がある」と言い換えることができます。同じように「性格が暗い」というのも「優しい」と言い換えることができます。自分を暗いと思っている人は、自分の言動が他の人にどう受け止められるかをいつも気にかけ、人を傷つけないように配慮している「優しい」人といえます。

自己受容の重要性について、アドラーはこんなふうにいっています。

自分に価値があると思える時だけ、勇気を持てる。

(*Adler Speaks*)

「自分に価値がある」と思えたら、そのような自分を受け入れることができます。ここでいわれる「勇気」とは、対人関係の中に入っていく勇気のことです。対人関係は悩みの源泉にもなりますが、生きる喜びや幸せも他者との関係の中でしか得ることはできません。人間は一人では幸せになれないのです。だからこそアドラーは、対人関係の中に入っていく勇気が必要だといっているのです。

生きているだけで、あなたは誰かに貢献している

二つ目が「他者貢献（感）」です。アドラーは、先ほど引用した言葉に続けて、こうも言っています。

私に価値があると思えるのは、私の行動が共同体にとって有益である時である。（前掲書）

自分が役立たずではなく、役に立てている、貢献していると感じられる時に、そんな自分に価値があると思え、自分を受け入れることができます。今、引いたアドラーの言葉には注釈が必要です。

まず、共同体は先にも見たように、既存の社会ではないということです。例えば、定年退職したら元気をなくしてしまう人がいますが、人は誰でも複数の共同体に所属しているわけですから、退職後も、家族、地域社会、国家、さらにはもっと大きな共同体に所属し、そこにおいても何らかの貢献ができると考えたいということです。目の前の小さな共同体に固執することはありません。

次に、貢献を行動だけに限定する必要はないということです。行動によってしか他者や社会に貢献できないとすれば、乳幼児や寝たきりの高齢者は他者に貢献できないことになってしまいます。そうではなく、誰もが「存在レベル」で貢献できるのです。何かをしなくても、自分の存在自体が他者に貢献していると感じられる時、自分に価値があると感じられます。

例えば、赤ちゃんは何もできなくても、親にとっては、赤ちゃんが日増しに成長していく姿を見ることはいうまでもなく、生きていることが喜びです。また、寝たきりの親も、生きていることがすでに家族にとって喜びであり、他者に貢献しているのです。

自分についても生きていることで、他者に喜びを与え、貢献しています。生きていること、ありのままの自分を出発点に考えていけば、どんな自分も受け入れることができます。人の価値を決める基準というものはないが、人は誰もが等しく同じ価値を持っており、対等であるというのがアドラー心理学の考え方なのです。

無条件で誰かを信じること

三つ目が「他者信頼」です。他者を「仲間」として信頼できなければ、他者に貢献しようとは思えません。他者を仲間として信頼できることが他者貢献の前提です。

ここで「信用」と「信頼」を区別します。辞書にこのような区別が載っているわけではありませんが、信用とは条件付きで人を信じることです。銀行でお金を借りようとした場合、担保がなければ貸してはくれません。これが信用の例です。

他方、信頼とは無条件で人を信じることです。人と人との関係性は、条件付きの信用ではなく、無条件の信頼があってはじめて成り立ちます。たしかに信頼していた相手に裏切られたり、傷つけられたりすることもあるかもしれませんが、裏切られることを怖がって対人関係の中に入っていかなければ、誰とも深い関係に入ることはできませんから幸せになることはできません。

以上の三つのことは、円環構造をなしています。つまり、自分を受け入れることができるためには、貢献感がなければなりません。貢献感を持てるためには、他者が敵ではなく、仲間として信頼できることが必要なのです。自分のことは好きだが、他者は敵であると見ているというような態度であってはならないということです。

子どもを叱らない

以上見てきた共同体感覚を育成することが教育の目的です。先にも見たように、アドラーはもともと社会主義に強い関心を持っていましたが、やがて、教師に働きかけ、子どもたちを援助する方法を教えることで、多くの子どもに影響を及ぼす教育改革こそが、政治による変革よりも、この世界を平和的に改革するための有効な手段を提供すると考えるようになりました。

こんな中、一九一九年に社会民主党がウィーンの実権を握り、その後、十数年にわたって革新的な市政が行われました。この教育改革の一環として、アドラーは、児童相談所を設立し、生徒への対処について助言を求める教師の相談に応じ、子どもと親のカウンセリングを公開で行いました。

アドラーが教師に寄せる信頼は大きく、「教師は子どもたちの心を形作り、人類の未来は教師の手に握られている」（『子どもの教育』）、とまでいっています。他方、アドラーが親に向ける目は厳しく、教師は、家庭における親の誤った教育の結果である子どもを学校で引き受け、家庭での教育の誤りを教師が補わなければならないといっています。

親は「再教育」が必要だともアドラーはいっていますが、『人生の意味の心理学』においては、「教師は、母親と同様、人類の未来の守護者であり、教師がなしうる仕事は計り知れない」といっているように、親の協力も子どもの教育にとっては必須のものです。

アドラーの教育論の基本は「勇気づけ」にあります。親や教師は、子どもが共同体感覚を持ち、対人関係の中に入っていく勇気を持てるように援助しなければなりません。教育の世界では、伝統的に「叱ること」と「ほめること」が重視されてきました。しかし、アドラーはそのどちらも認めていません。これは一体どういうことなのか考えてみなければなりません。

芸能人やスポーツ選手がインタビューで「先輩やコーチに叱られたからこそ、今の自分がいる」と語るのを聞いて、「厳しく叱って育てるのが教育だ」と信じている親がいますが、それは間違いです。叱られた子どもは、自分には価値がない、自分は本当に駄目な人間なのだと思ってしまうのです。

叱るという行為は、上下の対人関係を前提としています。本書の序文で、アドラーは「あらゆる対人関係は『縦』ではなく『横』の関係にあり、人と人とは対等である」と考えた——という話をしましたが、親と子の関係が対等だと考えるならば、親には子どもを叱ることはできないはずです。

叱らないのは放任ではないかと批判する人もありますが、必要があれば責任を取ることを子どもは学ばなければなりません。私の息子が二歳だったある日、息子はミルクの入ったマグカップを持って、おぼつかない足取りで部屋の中を歩き始めました。案の定、途中でつまずいてミルクをこぼしてしまった息子に私はこう声をかけてみました。

「どうすればいいと思う?」

息子はしばらく考えて「ぞうきんで拭《ふ》く」と答えました。そして、息子は自分で床を拭きました。拭き終えた息子に対して、私は「ありがとう」と声をかけました。なぜ「ありがとう」という声をかけたのかは後で説明します。

さらに私は息子に、「これからミルクをこぼさないためには、どうしたらいいと思う?」とたずねました。息子は再び少し考えて「これからはすわって飲む」と答えました。人は誰でも失敗するものですし、失敗した時にこそ多くのことを学ぶことができます。しかし、失敗は一度は許されても、何度も同じ失敗を繰り返すということがあってはいけません。私は息子と次の機会にどうしたら失敗をしないですむかを話し合ったのです。

失敗の場合は、まず、可能な限りの原状回復をします。次に、もしも失敗によって感情的に傷ついた人がいれば謝罪することが必要です。さらに、今後同じ失敗をしないための話し合いをすればいいのです。叱る必要などまったくありません。

小さい子どもであれば、自分がしたことの意味を知らないということがあります。その場合は教えればいいだけですが、子どもが大きくなっているのに親が叱ることになるようなことをするとすれば、すべて確信犯だといって間違いありません。その場合、親に注目されたくて、故意に親を怒らせることをしているのです。無視されるくらいなら叱られる方がいいという判断をしているのです。

また、叱られて育つと、人の顔色ばかり窺うスケールの小さな人間になってしまいます。人間というのは本来、ごつごつした尖った部分をそれぞれが持っています。この尖った部分が個性です。それを短所や欠点と見なし、矯正《きょうせい》しようとすると、また、時には何も起こらないうちから叱って子どもの失敗を未然に防ぐようなことばかりをしていると、尖った部分を取り除かれることで、たしかにいい子になるかもしれませんが、自分で創意工夫をして何かをやろうという子どもには育たなくなります。

対等な関係のうえで貢献感を持つ援助

アドラーは、叱ることだけでなくほめることも否定しました。ほめられて育った子どもは、何かをしようとする時に、承認されることを期待するようになります。誰も見ていなければ適切な行動をしなくなることは大きな問題です。

さらに、より重要なこととしては、ほめることも、叱ることと同様に、子どもを対等な存在と見なしていないということです。ほめるという行為も上下の関係が前提となっています。例えば母親は子どもに買い物を頼んで、子どもがそれをちゃんとできたら、「偉かったわね」とほめるでしょう。しかし、妻が夫に買い物を頼み、夫がそれをこなした時に、妻は夫に「偉かったわね」とは決していわないでしょう。ほめるというのは、能力のある人が能力のない人に対して、上から下す評価の言葉なのです。ほめることができるとすれば、その人の、他者との対人関係の構えが上下関係であるということなのです。子どもでも大人でも、対人関係の下に置かれることを好む人はいません。ほめられたら嬉しいという人がいれば、その人は、自分には能力がないことを他者に認定されたいということであると知らなくてはいけません。このことがわかると、ほめられることでは、自分に価値があるとは思えなくなります。

ですから、子どもが買い物を手伝ってくれた場合も、大人に接する時と同じように「助かった、ありがとう」と感謝の気持ちを述べるべきなのです。先ほどの私と息子の例では、私はぞうきんで床を拭いた息子に「よくできたね」ではなく「ありがとう」といいました。

親から「ありがとう」「助かった」というような言葉を聞いた子どもは、「自分はお母さん（お父さん）の役に立つことができたのだ」と貢献感を抱くことになります。貢献感を持てるということは、自分に価値がある（自分を好き）と思えるようになるということです。それがひいては、対人関係の中に入っていこうとする勇気につながっていくのです。

このような勇気を持てる援助をすることをアドラー心理学では「勇気づけ」といっています。しかし、その言葉から連想されるように、他者（例えば、子ども）に何かをさせようと働きかけることではありません。

勇気づけについては、さらに次のような注意が必要です。貢献に注目し、「ありがとう」と他の人に声をかけようと心がけたいのですが、介護と子育ての箇所で触れたように（77ページ）、他の人からは「ありがとう」といわれることを期待しないということです。「ありがとう」といわれることを期待する人も、承認欲求がある人といわなければなりません。

ライフスタイルはいつでも変えられる

叱られたりほめられたりして育った子どもは、大人になっても、どうすれば叱られないか、あるいは、ほめられるかということばかりを考えるようになるという意味で、自分にしか関心を持てないようになってしまいます。

自分にしか関心がない人は、本章の最初に使った言葉を使うならば、他者への関心がない、つまり、共同体感覚を持っていないことになります。教育は子ども時代の誤りを正さなければなりません。子どもが自分のライフスタイルを決めるのが十歳前後であるとすれば、早い時期にライフスタイルの誤りを是正する必要がありますし、それは子どもの頃であれば比較的容易です。とはいえ、大人になったらライフスタイルを変えられないわけではありません。いつでも変えることはできるのですが、今までとは違うライフスタイルを選ぶと次の瞬間に何が起こるかわからないので、今のライフスタイルが不自由で不便だと思っても、従前のライフスタイルに固執するわけです。ですから、変わらないでおこうという決心をやめることが必要です。今やどんなライフスタイルを選べばいいかということもはっきりしてきたと思います。

自分だけに関心を持つのではなく、他者に関心を持ち、他者に貢献してみようと思えばいいのです。何かをすることによってではなくても、自分の存在で他者に貢献できるということは先に見ました。貢献できると思えば、自分に価値があると思えるようになります。そのように思えた時に、他者はもはや「敵」ではなく「仲間」と見なすことができます。自分についての見方、他者についての見方（これがライフスタイルの意味です）が変わると、すべてが変わって見えてきます。パソコンやスマートフォンにはＯＳ（オペレーティングシステム、基本ソフト）が入っていますが、それを更新した時のようです。ハードが同じでも、ＯＳが新しくなると新しいパソコンやスマートフォンになるといっていいように、自分を他の自分に交換できなくても、ライフスタイルを変えると新しい自分になれるのです。

アドラーと民主主義

さて、４つの章にわたってアドラー心理学について解説してきましたが、最後にアドラーは多くの著作、世界中で行った講演活動を通じて、一体、何を伝えたかったかを考えてみます。まずは、人間は親も子どもも、上司も部下も、性別にも関わりなく、すべての人間が対等の横の関係にあるということです。人間の価値に上下はなく、誰もが同じ権利を持っているので、誰かが誰かを手段として扱うこともできません。

次に、人は誰にも何にも支配されないということです。どんなふうに育ったか、過去にどんな経験をしたか、また、感情にも支配されないということです。自分が何ものにも支配されないのであれば、自分も誰をも支配することはできないということです。

この二つの考え方こそが、言葉の本当の意味での民主主義であり、「自分自身の幸福と人類の幸福のためにもっとも貢献する」（『人生の意味の心理学』）と私は考えています。アドラーは、自分が医師になったのは、この世界を変革したかったからであるといっています。どのような世界になることを目指していたかは今や見えてきたのではないかと思います。

人間はすべて対等であるということを理解することは難しいことではありません。しかし、今も多くの人は、子どもや若い人、部下を当然のようにほめたり叱ったりしていますが、そのことは、人を支配し、操作することに他なりませんし、そうする時に築かれる対人関係は対等の横の関係であるとはいえません。「しつけには叱ることも必要だ」と思っている人がいる限り、この世から虐待や体罰はなくなりません。同様に、人間が対等であることを対人関係においてどうすることなのかを理解しないで、政治的なスローガンとしての民主主義を掲げているだけでは、この世から戦争がなくなることもないでしょう。対等の関係であれば、何か問題が起こっても、力を使うのではなく、言葉

ウィーン中央墓地にあるアドラーの墓標
（写真提供・Alamy／PPS通信社）

を使って解決することができるはずです。

アドラーのいう「共同体感覚」は理想であり、すべての人が他者を仲間と見なして、互いに協力しあう世界が、そう簡単に出現するとは思えません。しかし、実現していないから理想なのであって、理想だけがこの現実を変える力を持っているのです。現実はこうなのだと現実を追認するだけでは世界は変わりません。今後、アドラーの思想に触れて、対等であるとは何なのかと考える人が増えていけば、世界はいい方向に向かっていくはずだと私は考えています。そのためには、自分は日々の生活の中で何ができるかを考えていかなければなりません。

＊1　全体主義

個人主義の反対概念で、国家・民族・階級など〈全体〉の〈個〉に対する優位を徹底的に追求しようとする思想・運動・体制をいう。イタリアのファシズム、ドイツのナチズム、ソ連のスターリニズムなどがその典型とされる。

ブックス特別章
〝ありのまま〟の価値

新しい自明性

天才とは新しい自明性を創り出す能力のことであるとベルナール・グラッセ（フランスの編集者）がいっています。前から存在していたにもかかわらず、誰一人その存在に気づかなかったものを発見し、言葉で言い表す能力ということです。言葉で表現された途端、あまりに当たり前のことのように見え、さらに常識に組み入れられてしまうと、それが最近、発見されたということは忘れられてしまいます。

天才についてのグラッセのこの説を著書の中で紹介した精神科医のエレンベルガーは、次のような逸話を紹介しています（『無意識の発見』）。

シューベルトは、ある時、洗濯をしている女性たちが彼の作曲した歌を歌っているのを耳にしました。どこでその歌を教わったのかとたずねたところ、彼女たちは答えました。それはその地方で昔から歌われている古い民謡である、と。

その歌はもちろん古い民謡ではなく彼が創作したものだったのですが、彼が天才である所以《ゆえん》は彼の歌曲が古い民謡だと思われたところにあるといえます。もしも誰も一度も耳にしたことのない新奇なものであれば、受け入れられなかったかもしれませんし、誰が作った曲であるかも意識されることなく歌われることもなかったかもしれません。私は想像するのですが、シューベルトは自分の歌が古い民謡だと思われていたことを喜んだでしょう。

アドラーの説く理論や思想を知った人も、シューベルトの歌曲を聞いた人が感じたのと同じような印象を持つ人が多いのではないかと思います。

アドラーがあるところで講演した時、「今日の話はみんな当たり前の話（コモンセンス）ではないか」といった人がいました。アドラーはこう答えました。

「コモンセンスのどこがいけないのか」

アドラーは決して誰にも届かない難解な言葉で語ってはいません。ですから、多くの人は容易に理解でき納得もできますから、アドラーが語っていることは新しい考え方というよりは、シューベルトの歌のように、前からあったと思います。アドラーの講演を聞いて、「コモンセンスではないか」といったこの人もそう思ったに違いありません。しかし、アドラーが言葉として表現しなければ誰も思いつかなかったでしょう。

エレンベルガーはまた、アドラーの学説を、誰もが皆平気でそこから何かを掘り出してくることができる「共同採石場」に喩《たと》えています。コモンセンスになるというのは、誰がいったかがもはや問題にならなくなるということです。

アドラーは、たとえ自分の名前に言及されなくなっても自分の学説が人々に共有されることを望みました。それどころか、アドラーは次のようにいっています。私の名前を誰も思い出さなくなる時がくるかもしれない。アドラー派が存在したことすら忘れられてしまうかもしれない。それでもかまわない、と。

心理学の分野で働くすべての人が、私たちと共に学んだかのように、行動することになるだろうから。（Guy Manaster et al. eds., *Alfred Adler : As We Remember Him*）

ところが問題は、今日、アドラーの思想はコモンセンスどころか、実現困難な理想論だと見なされることがあるということです。アドラーの思想は時代を半世紀、あるいは一世紀先駆けしているといわれることもあります。まだ時代がアドラーに追いついていないという意味です。

残念ながら、アドラーの提唱した、例えば、人間は対等であるという考え一つを取っても、まだまだコモンセンスにはなっていません。二世代経てば、真の男女平等が確立されるとアドラーは考えていました。しかし、今は公然と男が上で女が下だなどという人はさすがに少なくなったとはいえ、意識ではまだまだアドラーの理想は実現していません。

男女の平等については、アドラー自身も彼が生きた時代の制約を受けているように見えるところもあります。アドラーも個人心理学は絶対的真理の所有に恵まれていないといっていますから、それを指摘してもアドラーは受け入れてくれるでしょう。

男女についてまだまだ対等であるとは思われていないのであれば、大人と子どもについては、依然大人が上だと思っている人はさらに多いように思います。

他にも、アドラーが生きた時代には見えていなかった問題や、アドラーがはっきりと見て取っていたけれども今も解決していない問題があります。

生産性に価値があると見てはいけない

本章で考えてみたいのは人間の価値の問題です。アドラーもこの問題については論じているのですが、アドラーには十分見えていなかったかもしれません。

人間は対等であると考えるのであれば、人間の価値を測る尺度や基準はないはずです。例えば、一つしかない臓器を移植可能な二人のうちのどちらかに提供するということになった時、それを決める尺度や基準はないということです。

ところが、長く生きるであろう若い人、あるいは、若くなくても既に社会に有用な業績があり今後もそうすることが予想される人に優先的に臓器が移植されるという時、生産性、つまり何かができるかどうかで人間の価値を測ろうとしているのです。

臓器移植のような特別な場合でなくても、人間の価値を生産性で測ると、価値がない人がいることになってしまいます。無論、何もできない人は価値がないかといえばそうではありません。

自分に価値があると思える時だけ、勇気を持てる。

(*Adler Speaks*)

というアドラーの言葉を第4章で引用しましたが、この「価値がある」というのは、人間が対等であると考えるならば、誰もがどんな状態にあっても価値があるという意味でなければなりません。

何もできない人は価値がないと考えることは排除の論理です。そのような論理に与《くみ》する人は、今は健康で若いので、自分が病気になったり歳を重ねたり、また事故にあって何もできなくなる日がくるなどとは思っていないのでしょう。

アドラーは続けて次のようにいっています。

私に価値があると思えるのは、私の行動が共同体にとって有益である時である。
（前掲書）

この言葉には飛躍があります。共同体にとって有益な行動をすれば貢献感を持て、その時、自分に価値があると思えるということです。自分が何の役にも立てないと思っていると自分に価値があるとは思えませんから、実際に有益な行動ができるのであればたしかに貢献感を持つことができます。

しかし、第4章でも指摘したように、貢献を行動に限る必要はありません。もしも何かの行動、しかも有益な行動をし、そのような行動によってしか貢献感を持てず、自分に価値があると思えないのであれば、乳幼児や寝たきりの高齢者、重い障害がある人や病者は貢献できないことになってしまうからです。

行動の一つである働くことを例にして考えると、働ける人は働くことで貢献できます。しかし、働けない人も貢献できますし、働けないからといって自分に価値がないわけではありません。

特別でなくてもよい

なぜ何かができることだけに価値があると思うことになったのかといえば、私たちが子どもの頃から特別でなければならないと教え込まれたからです。

多くの人は、小さい時から「特別になれ」といわれて育ってきました。親から見た子どもが幼い頃から、特別であることを期待するのです。そのように期待する時に、親は子どもの今の状態は、先のアドラーの言葉を使うならば、マイナスなのです。そのマイナスの状態に止まっていてはいけないと考える親は、子どもに勉強をして特別よい子どもになれといいます。

ところが、子どもは親やまわりの大人からの「特別によくなれ」という期待には応えられないことがすぐにわかります。勉強は難しく、思うような成績を取れないということはよくあることです。

そうすると、特別よくなることでは親の期待を満たせないと知った子どもは、今度は一転して特別に悪くなろうとします。積極的な子どもは問題行動をすることで、消極的な子どもは学校に行かないことで親の注目を得ようとします。

しかし、特別よくならなくても悪くならなくても、普通であればいいのです。これは平凡であれという意味ではなく、ありのままの自分であることを受け入れるという意味です。

特別であろうとするようになった最初のきっかけは、小さい時から親に特別でなければだめだと思い込まされてきたことですが、この特別でなければならないという思い込みから脱却しなければなりません。

ところが、ありのままの自分でいいといわれても、どうしたらいいかわからない人は多いように思います。なぜなら、人に合わせている限り、何事も自分で判断しなくていいからです。そうしていれば、何か問題が起きた時に、自分で責任を引き受けなくてもいいと思うのです。しかし、自分の人生を生きるのであれば、人からいわれたからしたといいたくても、引き受けた以上、選択したことの責任を免れることはできません。

また、自分がしていること、あるいは自分自身の価値を自分では認めることができない人は、他者から承認されなければならないと思います。この他者承認の問題については第3章で見た通りです。特別よくなろうとすることも特別悪くなろうとすることも他の人から認められたいからです。

優越性の追求はマイナスから始まるのではない

このように特別でなければならないと思う人は、他の人よりも優れようとします。特別よくなれないと思った人は特別悪くなろうとしますが、そのような人も、たとえ屈折した仕方であっても、他者よりも認められようとしているのです。

そのように特別であることで認められようとすることは他者との競争を生み、他者との競争は精神的な健康を損ねるもっとも大きな要因であることは第2章で見ました。

このような他者との競争とは関係なく、よりよくなりたいと願うことはあります。これも第2章で見たことですが、私たちは今よりも優れた存在になりたいと思いながら生きているのです。

この「優越性の追求」と対になるのが「劣等感」です。人間は生まれた時は自力では何もできず、親や他者の不断の援助や協力がなければ片時も生きていくことができませんでした。人間は何とかしてこのような無力な状態から脱したいと願います。

本来の優越性の追求も劣等感も、どちらも他者との比較からではなく、「理想の自分と現実の自分との比較」から生まれるもので、誰にでもあり「健康で正常な努力と成長への刺激である」とアドラーは考えています（『個人心理学講義』）。

しかし、「特別」よくなろうとすることは、優越性の追求ではなく、優越コンプレックスです（第2章）。他者と競争するのでなくても、親をはじめとする他者の期待に応えようとすることは特別によくなろうとすることだからです。

アドラーはこの「優越性の追求」について、次のようにいっています。

すべての人を動機づけ、われわれがわれわれの文化へなすあらゆる貢献の源泉は、優越性の追求である。人間の生活の全体は、この活動の太い線に沿って、即ち、下から上へ、マイナスからプラスへ、敗北から勝利へと進行する。

（『人生の意味の心理学』）

この優越性の追求は他者よりも優れようとすることではないこと、また、劣等感も他者と比較して感じるものではないことも第2章で見ました。

アドラーがいっていることが問題になるのは、人間の生活は「下」「マイナス」「敗北」から「上」「プラス」「勝利」へ進行するというのであれば、優越性の追求がマイナス、劣等の状態から始まることになるからです。

アドラーは、劣等感は劣等性ではなく、あくまでも「劣っていると感じること」、劣等「感」であり、主観的なものであると考えています。ですから、病気の人は誰もが自分を健康な人と比べて自分が劣っていると感じるわけではありませんし、先に見たように、他者と比べることは健全な劣等感とはいえません。

しかし、他者と比べるのではなくても、理想の自分との比較の中で劣等感が生まれると考えるのであれば、今の現実の自分は「下」「マイナス」「敗北」の状態にあることになります。

人間の価値について考えれば、このように見てはいけないのです。病気の人は健康になりたいと思いますが、病気である状態は「下」「マイナス」「敗北」ではなく、ただ病気という状態にあるだけで、健康な状態と比べて劣っているわけではないということです。病気をマイナスと見るとすれば、必ずしも意識されていないかもしれませんが、生産性に価値がある、つまり、何かができることがプラス、できないことがマイナスと見ているからです。今、例にあげた病気についてこのような見方をすれば、回復しない病気であれば今後プラスになることはありません。

また、若いことはプラスであり、歳を重ねることはマイナスなのでしょうか。そのように考えれば、優越性を追求できません。プラスにはなれないからです。

学ぶことについてであれば、私が何をいおうとしているかわかってもらえるかもしれません。学ぶことは他者と競争することではありません。勉強を苦しいと思う人は多いですが、本来は知らないことを学ぶことは喜びのはずです。しかし、そうであっても、知らない状態がマイナスであるわけではありません。

アドラーがアメリカに活動の拠点を移した後、ウィーンでのアドラーの仕事を引き継いだリディア・ジッハーは、優越性の追求という言葉の問題を指摘しています。この言葉を使うと、「上」「下」のイメージが喚起されることは否めないというのです（Lydia Sicher, *The Collected Works of Lydia Sicher*）。

事実、先に見たように、アドラーは優越性の説明として人間の生活は「下」「マイナス」「敗北」から「上」「プラス」「勝利」へ進行するといっているのです。

しかし、アドラーが人生は目標に向けての動きであり、「生きることは進化することである」という時、ジッハーは、この進化は「上」「下」ではなく、「前」に向かっての動きであると考え、ここに優劣はないといっています。

人は皆それぞれの出発点から、目標に向かって前に進んで行くのです。第2章でこのことは指摘しましたが、平らな地平を皆が先へ進んで行くのであり、自分よりも前に歩いている人もあれば、後ろを歩いている人もいます。速く歩く人もいれば、ゆっくりと歩く人もいます。

このように見ても、なお「前」に向かうことが優れていると取れないわけではありませんが、違いがあるだけで、優劣はないということをジッハーは強調しているわけです。

このように考えれば、治療を受けたり、リハビリに励むのは、マイナスの状態からプラスの状態になるためではないことになります。回復とは病気の前と同じ健康な状態に戻ることではありません。そもそも回復しない病気もあります。しかし、回復しなければリハビリをしても意味がないということにはなりません。

アドラーが「生きることは進化である」という時、その意味が上ではなく前に進むということであれば、立ち止まらず、各人がそれぞれのペースで歩めばいいことになります。

しかし、このアドラーの考えによれば、歩む速度や目下どこを歩いているかは問題になりませんが、ゆっくりであれとにかく「前」に進むこと、「前」にあることがよいとされることになります。そうなると、老いた人や回復が難しい病気の人は前には進めないことになり、その意味で劣っていることになります。

私は生きることは進化であると考えなくてもいいと考えます。前に進めなくても、後退することになってもその時々の状態がすべて生きることなのであり、どの状態にも優劣はないのです。

生きることを進化と見なければ、人生のどの段階にあってどんな状態にあってもその時々の自分に価値があり、そのように思えればどんな自分をも受け入れることができます。

生きていることで貢献できる

何かができることにはもちろん価値はあります。働く人は他者に貢献することができます。しかし、何かができることにしか価値がないと考えるのは間違いだと私は考えるのです。

働く人もそうでない人も、誰もが生きているという点では同じであり、何もしていなくても、生きていることで他者に貢献しています。そう感じられる時、誰もが自分に価値があると感じることができます。

しかし、人間の価値を生産性に求めることが間違いであるということには、若く仕事も思うままにできる時には気づきません。そのような人が病気になって病院のベッドで安静を強いられるような経験をすれば、たちまち自分には生きる価値はないと絶望するでしょう。

たしかに病気になったり、歳を重ね若い頃のようにはいろいろなことができなくなると、自分の価値が減じたと思ってしまいます。

しかし、自分ではなく家族が病気になった時にはどう感じるかを考えてみれば、人間の価値を生産性に見てきた人でも、それまでとはまったく違うことに思い当たるはずです。病気が重ければ一日も早く回復してほしいと思うでしょうが、それでもとにもかくにも生きていてくれさえしたらありがたい。そう思った人は多いのではないでしょうか。そうであれば、自分自身が病気になった時でも、生きていることを家族を含め他の人は喜ぶでしょう。そうであれば、生きていることで他の人に貢献していると考えていいはずです。

自分が病気にならなくても、子育てや介護を経験した人であれば、人間の価値は生きることにあることを知っています。

子どもと関わったことがある人は、子どもは何もしなくても、親やまわりの人に喜びや幸福を与えることで貢献できることを知っています。子どもが特別であることを願うのは大きくなってからで、最初はただ無事に生まれてきたことを喜べるのです。

これは子どもに限ったことではありません。大人もありのままの自分でいることで他者に貢献できるはずです。人は他者に何かをしているから貢献できるのではなく、生きていることで、特別でなくてもありのままで、既に他者に貢献することができるのです。

働かなくても貢献できる

働く人も働かない人も共存するのが社会なのです。

若い頃、ある精神科診療所で働いていたことがあります。その診療所には六十人ほどの人が、社会復帰を援助するプログラムであるデイケアに通ってきていました。私が出勤した日、皆で料理を作りました。

朝、その日作るメニューをスタッフが発表し、買い物に行くのですが、一緒に行く人は少なく、いつも五人ほどでした。診療所に戻ると皆で料理を始めます。この時も手伝うのは十五人くらいで、あとの人は手伝うことなく、何もしないで過ごしていました。いよいよ、昼時になって料理ができたことを知らせると、診療所のどこからともなく患者さんたちが集まってきて、皆で昼食を食べました。

この診療所ではその日手伝わなかった人を誰も責めることはありませんでした。暗黙の了解事項があったからです。それは、今日は元気だったので手伝えたけれど、もしも明日体調がよくなくて手伝えなくても許してほしいというものでした。普通の社会では「働かざる者食うべからず」というようなことをいう人がいるかもしれません。しかし、料理を作れる人がその日何もできない人のためにも料理を作るこの診療所は、働く人も働かない人も共存する健全な社会の縮図であると私は思いました。

働かないというのは、外で働かないという意味で、家で家事、子育て、介護などをしている人が働いていないわけではありません。それにもかかわらず、専業主婦（夫）、子育てや介護をしている人、子育てのために仕事を一時的であっても離れる人が、働いていないと見なされるのはおかしいのです。

マンションの一室から街のネオンを見て、結婚前の楽しみを今や経験できず、若くして結婚したことを悔やむ女性、また、出産、育児のために男性のように外で働けないことを残念に思っている女性も、生産性にだけ価値を見出していることになります。

仕事一筋に生きているとまわりから見られていた女性が結婚すると言い出すと、まわりの人の中にはそのことをにわかには信じられないという人がいます。

その上、結婚後は仕事をやめるといえば、もったいないというようなことをいう人が出てくるでしょう。そのようなことをいう人は、仕事を辞め家庭に入るということを一段価値が低いことだと考えているのです。

男性が育児休暇を取る時にも同じことがいわれます。仕事から離れて子育てに専念しなければならない母親たちにとっても、決して今の子育ての時期が価値のないものではありません。そのように思う人がいれば、それは人間の価値を生産性の観点からだけ見ているのだということを知ってほしいです。

生きることは変化することである

先に、生きることは「進化」ではないといいました。それでは生きることは何か。「変化」です。生まれた時は何もできなかった子どもが日毎にできることが増えていくことも、健康な人が病気になることも、歳を重ね若い時に難なくできていたことが思うようにできなくなったとしても、それらはただ変化であって、以前の状態と今の状態を比べ、進化したとも劣化したとも見ないということです。

そのように考えれば、例えば老いることはただ老いるのであり、老いることで人間の価値が下がることにはなりません。

人はどんな状態にある人も変化しています。古代ギリシアの哲学者であるヘラクレイトスが「万物は流転する」といいました。まわりの世界も自分自身も同じままであり続けることはありません。生きることは動くこと、変化することなのです。

大切なことは、ともすれば見逃してしまう変化に気づくことです。

哲学者の森有正《もりありまさ》が、パリのノートル・ダム寺院の裏手の公園に植えられたマロニエの若木が成長していく様子や、セーヌ川を遡っていく伝馬船《てんません》について、次のようにエッセイの中で書いています。

ノートル・ダムの苗木は知らぬ間に数倍に成長している。つい今しがた眺めていたのろのろと遡る伝馬船は、気のつかないうちに上流の視界の彼方に消えてしまう。それは実に深い印象を私に残す。それはまことに見れども飽かぬ眺めである。私の内部の何かがそれに呼応するからである。
（『旅の空の下で』）

毎日見ていると木の成長は見えませんが、不断に成長しいつの間にか大きくなっていきます。セーヌ川を遡る伝馬船も同じです。

森は「飽かぬ眺め」といっていますが、毎日慌ただしく生きている人であれば、自分の内部にゆっくりと変化していくものと呼応するものがないので、ゆっくりと動くものには注意が向かないかもしれません。

反対に、日々の生活には何の変化もないと思っている人も、ゆっくりと動くものに気づくことはないかもしれません。それでも、目には見えない緩慢なものであっても変化しないものはありません。

森はこの見えない変化を「変貌」と呼んでいます。何か新しいことを経験しなくても、経験したことは変貌し続けます。大人は、もはや子どもの時のように日々新しいことを学び、昨日できなかったことが今日できるようになるというようなめざましい成長はしないかもしれませんが、変貌することはできるのです。

突然病に倒れた時の変化は大きなものですが、回復する時の変化は緩慢なものかもしれません。加齢と共に身体の中に起きる変化も緩慢なものです。成長も病気になることも回復することも老いていくこともすべて変化であって、その変化に優劣をつけず、どんな変化も受け入れたいのです。

ドイツの詩人であるリルケは若い詩人に宛てた手紙の中で次のように書いています。

木は樹液を無理に押し出すことなく、春の嵐の中に平然と立ち、夏はこないのではないかと不安になることはありません。しかし、夏は必ずきます。あたかも目の前には永遠があるかのように静かにゆったり構えている忍耐強い人々のところにだけは。

(Rilke, *Briefe an einen jungen Dichter*)

この変化に気づくことが生きる喜びです。

精神科医の神谷美恵子《かみやみえこ》は、「生存充実感」は変化を求めることに密接に結びついているといっています。

育児に追われている若い母親は、幼い生命の示す日々の変化と成長のめざましさに目をみはり、心をうばわれ、それを自分自身の生命の発展として体験して行くから、この上なく大きな生存充実感を味わっている。（『生きがいについて』）

老人についても神谷は次のようにいっています。

すでに自己の生命の終りに近づいた老人にとって、草花を育てることや、孫の相手をすることが大きなたのしみになるのは、ただの暇つぶしという意味よりもむしろ若い生命のなかにみられる変化と成長が、そのまま自分のものとして感じられるからなのであろう。

神谷のいう通りなのですが、母親の場合も老人の場合も、子どもや孫、草花の中の成長だけを変化と見なくてもいいと思います。

子育てと介護を次のように比べることがあります。子育ては子どもが今日できなかったことを明日できるようになるので、今は大変でもその苦労は報われる。他方、介護は今日できたことが明日できなくなるかもしれず、その意味でつらいものになる、と。しかし、親を介護することも長く病床にいる子どもの世話もただつらいものではありません。

神谷はさらに続けて次のようにいっています。

変化と発展への欲求は、当然未来性への欲求をはらんでいる。

これからの生が新しい発展をもたらすであろうと期待するからこそ、生きがいは感じられると神谷はいうのですが、自分についても、子どもや親の世話をする時、未来が閉ざされていたら生きがいを感じられないことになります。本当にそうでしょうか。

私は、生の充実は、未来ではなく、「今ここ」で感じられると考えています。子どもや孫と共にいることで生の充実感を持てるのは、彼らに成長を見るからではありません。「今ここ」に共にいることが喜びをもたらすのです。

ここでアドラーに戻ることにしましょう。

即事的(sachlich)に生きよう

アドラーはunsachlich《ウンザッハリッヒ》という言葉を使って、人生との連関や現実との接触を失った生き方を問題にしています（『性格の心理学』）。unsachlichは、「事実や現実（Sache《ザッヘ》）に即していない」という意味です。sachlich《ザッハリッヒ》は、これとは反対に、事実や現実に即しているという意味で、地に足がついているということです。

まず、現実との接点を失う一つのケースは、人からどう思われるかを気にすることです。

実際にどうかよりもどう思われるかを気にすれば容易に現実の接触を失ってしまう。（『性格の心理学』）

人にどう思われるかを気にしたり、こんなふうに見られたいと思って他者の目に映る自分を作ろうとすると、他者の評価に依存することになります。人に合わせようと思うと、自分の人生を生きることができないことになります。

また、人の顔色を窺い、嫌われることを恐れて、本当にいわなければいけないことをいえなかったり、しなければならないことができなくなることも問題です。進んで嫌われる必要はありませんが、もしもいつもいいたいこと、いうべきことを我慢していれば自分の人生を生きることはできません。

次に、自分や他者について理想を見ないということです。こうあるべきだという理想を親から与えられ、親の期待に沿おうとして生きると現実との接触を失うことになります。しかし、このありのままの自分しかないのですから、どんな自分であっても、この自分を受け入れ、理想から引き算してはいけないのです。

理想の自分ではなく、現実の自分を受け入れることを「自己受容」といいます。これはありもしない理想の自分を受け入れるという意味での「自己肯定」とは違います。例えば、あらゆる人に好かれるということはありえません。多くの人に好かれるということはあっても、すべての人に好かれたいと思っても現実的にはそういうことはありえないのです。

たとえ他者と比較するのではないとしても、このような現実からかけ離れた理想を持つ人は、現実が理想と乖離していることを理由に人生の課題を回避することもあります。

第三に、何かが実現すれば、その時初めて本当の人生が始まると考えると、実現しない限り現実との接点を持たない生き方をすることになってしまいます。何かの実現を待たなくても、「今ここ」で本当の人生は始まっているのです。

子どもが目下学校に行っていなくても、子どもが学校に行かないで家にいる今がすべてなのであり、学校に行かない時間は仮のものではありません。

自分の人生についても、例えば仕事から離れて子育てをしている今が現実なのであり、決して仕事に復帰する前の時間が仮ではないということです。

第2章で見ましたが、神経症的なライフスタイルを持った人も、今ここに生きることはできず、現実との接点を失っています。「もしも……ならば」と可能性にかけて生きているからです。

第2章で引いた例でいえば、赤面症だからといって想いを寄せる人に告白しようとしない人は、もしも赤面症でなかったら自分の想いを受け入れてもらえるのに、赤面症だから告白しても相手にされないと思って告白を思いとどまります。告白して振られるという現実を受け入れることができないのです。

しかし、振られたら振られたでその時考えるしかないので、現実との接点を持った生き方をするためには、現実から目を背けてはいけないのです。

学歴が高ければもっと出世していたのに、と考える人も同じです。必要であれば、今、勉強をすればいいのです。それなのに、学歴を理由に今できることをしない人は現実的な努力をしたくないからであり、そのような努力をしたのに、思うような結果を出せないという現実に直面することを恐れるのです。

今ここを生きよう

アドラーがいう「即事的」に生きるということ、特に第三点が、今は多くの人がいう「今ここ」を生きるということ、過去も未来もないので、今を生きることだけができるということです。

まず、過去はありません。そのように考えることは難しいと思う人は多いですが、過去の経験が今の自分を決めると考えると、現実との接点を見失うことになります。過去のことを思って後悔しますが、今、後悔してもどうにもなりません。今、できることを考えなければならないのです。

他方、未来もありません。未来を思うと不安になります。しかし、今、不安になる必要はありません。病気の子どもの親に主治医が回復の見込みはないといった時、アドラーはその主治医にこういいました。

どうしてわれわれにそんなことがいえるだろう。これから何が起こるか、どうしたら知ることができるだろう。

(Guy Manaster et al. eds., *Alfred Adler : As We Remember Him*)

これから起こることは何も決まっていないのです。未来は「未だ来ない」のではないのではなく、「ない」のです。

神経症的なライフスタイルを持った人は、足踏みをしたい、あるいは、時間を止めたいと思うとアドラーは指摘しています(『人はなぜ神経症になるのか』)。課題に直面することを恐れるから、前には進みたくないのです。今ここを生きることは時間を止めることではありません。今は刻々未来へと移っていきます。あるのは今だけです。これが先に見たヘラクレイトスがいう「万物は流転する」という意味です。

本章で考えてきた生きることについていえば、今その時々の自分がすべてであり、どの自分のあり方にも優劣はないのです。人間の価値は、ここに今「ある」ことにあるのであって、何かに「なる」必要はないということです。

アドラーは原因論ではなく目的論を自分の理論、思想の根本に据えるのですが、目的は必ずしも未来にならなければならないわけではありません。

どんな自分でも生きていることが他者に貢献しているということを先に見ました。生きることの目的は、生きているだけで他者に貢献することです。この目的は未来にある必要はなく、今ここで生きていることがそのまま他者に貢献することであり、今生きることの目的は今ここでの他者貢献です。

この貢献という目的はいつも意識されているわけではありません。子どもは親が自分と過ごすことで喜びを感じているということを知らないでしょう。

親は子どもと、今この瞬間を大切にしようと思って時間を過ごすことができれば、子育てについての意識は変わってきます。今は大変だけれど大きくなる日のことだけを考えて子育てをするわけではありません。今日、共に生きられることを喜びに思いたいのです。

親の介護も同じです。介護の場合はいつまで続くかわからないので大変だと考える人もいますが、「いつまで」ということを考えなければいいのです。子育ても介護も、今が決して仮の時間ではないということです。仕事から離れて子育てや親の介護をしている時も仕事をする時と変わることなく貢献していると感じたいのです。

その子育ても介護も何かをすることで貢献感を得ようとする必要はありません。以前、認知症を患っていた父の介護をしていたことがありました。状態が日増しに悪くなってきて、やがて食事の時間以外は寝てばかりいるようになりました。

ある日、私は父に「こんなふうに寝てばかりならこなくていいね」といいました。父はそれに対してこう答えました。

「お前がきてくれているから私は安心して寝られるのだ」

介護にも生産性を重視する価値観を持ち込んでいたことに思い当たりました。何もしていなくてもただ「今」を共有することだけで貢献できるのです。

さらに、生きていることがそれ自体で貢献していると感じられる人にとっては、この貢献が生きることの目的であり、その目的は未来ではなく、今ここにあります。

先に引いた神谷美恵子は、次のようにいっています。


子供が大きくなってだんだん手をはなれて行き、ひとり立ちしてしまうと、あとにのこされた母親の生活は単調なものとなり、それが変化への強い欲求をうみだす。ちょうど更年期の生理的動揺とかさなって、時には精神的危機をつくりだすこともあるのはよく観察されることである。

（『生きがいについて』）

子どもの成長を自分自身の生命の発展史として体験することで生の充実感を感じてい

た親が、子どもの自立と共にそれができなくなったのであれば、既に子育ての最中に自分自身の変化に目を向けてこなかったからです。

子育ての終わった今も、これからも、意識して進化や成長ではない、その意味でめざましいわけではない変化に気づくことが必要です。

実践

最後に、アドラー心理学をどう学んでいけばいいかを考えてみましょう。

第1章で、アドラー心理学は実践のための心理学であるということを見ました。アドラーは次のようにいっています。

個人心理学は、おそらくすべての心理学の中で、学び実践することが、もっとも困難である。

（『人生の意味の心理学』）

なぜ、個人心理学は学び実践することが困難だといっているのでしょうか。

アドラーの理論や思想はシンプルで決して理解することが難しいわけではありませんが、理論を理解するだけで実践できなければ十分ではなく、無意味です。

しかし、学ぶことを実践することと切り離す人は多いのです。無論、実践と切り離して学べることもありますが、アドラー心理学に限らず、生き方について考える心理学や哲学は、自分を棚に上げて学んでも意味がありません。

本章では、人間の価値について考えてきました。先に、何もできなくなった人には価値がないと考える人自身は、今はまだ若くて、何でもできる人であることを見ました。そのような人は、小田実《まこと》の言葉を借りるならば、「される側」ではなく、「する側」で考えているのです。自分もやがて介護「される」側に立つということを考えないのです。自分では戦争に行くことをまったく考えないで戦争を論じる政治家のようです。戦場で傷つき殺される市民の立場に身を置いて考えなければ、見えてこないことがあります。

哲学者の鶴見俊輔《つるみしゅんすけ》が、土岐善麿《ときぜんまろ》の次の歌を引いています（「『殺されたくない』を根拠に」〈朝日新聞、二〇〇三年三月二十四日夕刊〉）。

あなたは勝つものとおもつてゐましたかと老いたる妻のさびしげにいふ
（歌集『夏草』所収）

一九四五年八月十五日に、家の中で起こったことを歌った一首です。土岐は明治から大正にかけては戦争に反対しましたが、昭和に入ってからは新聞人として戦争に肩入れした演説をするようになりました。

その間、家にあって毎日台所で料理を作っていた妻は、限られた情報を元に、現状について土岐とは違う、正しい認識を持ち続けていました。鶴見はこういっています。

敗戦当夜、食事をする気力もなくなった男は多くいた。しかし、夕食をととのえない女性がいただろうか。他の人とおなじく、女性は、食事をととのえた。この無言の姿勢の中に、平和運動の根がある。

日々の糧を得ることが困難になっていくという現実から、妻は戦争の行く末を確実に予測することができました。

理論は、戦争反対の姿勢を長期間にわたって支えるものではない。それは自分の生活の中に根を持っていないからだ。

ここでは、当時の戦争のことを問題にしているのではありませんが、理論は、生活の中に根を持っていなければならず、その意味で現実的で、地に足が着いたものでなければならないのです。

第1章で、アドラーが創始した個人心理学の「個人」ということの意味は「分割できない」ということで、個人心理学は「分割できない全体としての人間を考察する心理学」という意味であるということに加え、アドラーが人間一般ではなく、他の誰にも代えることができない個人の独自性（uniqueness）に注目したので個人心理学という名称を選んだということを見ました。

アドラーは個人心理学は「科学」であるといいます。普通は科学は現実から特定の条件を抽出して考える、その意味で抽象的な学問ですが、個人心理学は抽象しないであらゆる条件を加味して考察する具体的な学問です。

それゆえ、個人心理学では人間をタイプ分けしませんし、神経症者の症状だけを抽象することなく、その人をめぐる対人関係の中において見るのもそのためです。だから、学ぶのに時間がかかるのです。

本章の初めに、アドラーが「コモンセンスのどこがいけないのか」といっているのを見ました。アドラーが主張した多くのことが今もまだコモンセンスにはなっていません。アドラー自身の考えも不完全なところはありますし、アドラーも自説が無批判に受け入れられるとは考えていないはずです。

本書が、この世界を変えていくために何ができるかを考えるきっかけになれば幸いです。

読書案内

◉アドラーの著作

アドラーの著作は多いのですが、まだすべての著作が日本語に翻訳されているわけではありません。本書で紹介した『人生の意味の心理学』に続けて以下のものが読みやすいでしょう。

『個人心理学講義』

アドラーが活動の拠点をウィーンからニューヨークに移した後、初めて英語で出版した著作。アドラー心理学全体を俯瞰できます。

『子どもの教育』

アドラーの子育て、教育論の基本書。アドラーが教師に大きな信頼を寄せていることに驚く人がいるかもしれません。教育論と書きましたが、アドラー心理学の全体を知るのにも有用な本です。

『子どものライフスタイル』

アドラーがニューヨークで行った公開カウンセリングの記録。アドラーは瞬時に子どもとのラポール（信頼関係）を築くことができました。子どもと対等の関係にあるとはどういうことかをアドラーと子どもとの対話から知ることができます。

『人間知の心理学』『性格の心理学』

この二冊はもともと『人間知の心理学』という題で刊行されたものを日本では分冊にしたものです。ここで紹介するアドラーの著作の中では学術的であるという印象を持つ人もいるかもしれませんが、英訳されアメリカで出版された時にはミリオンセラーになりました。

二冊目の『性格の心理学』ではアドラーが性格について論じており、性格が様々な種類に分類されています。

『人はなぜ神経症になるのか』

アドラーは神経症は心の中にあるというより対人関係の中にあり、それが向けられる「相手役」があると考えます。症状の原因ではなく目的を考えるところが、個人心理学の大きな特色です。

（ここで紹介したアドラーの著作はすべてアルテ刊、岸見一郎訳です）

◉アドラー心理学の入門書

『嫌われる勇気』（岸見一郎、古賀史健、ダイヤモンド社、二〇一三年）
『幸せになる勇気』（岸見一郎、古賀史健、ダイヤモンド社、二〇一六年）

アドラー心理学はこの二冊によって日本で知られることになりました。哲人と青年との対話を通して基本的な考えを学ぶことができます。青年は想定しうるあらゆる疑問を哲人にぶつけていくので、アドラーがいうことに納得できない読者は青年に共感して読めると思います。

『アドラー心理学入門』（岸見一郎、ベスト新書、一九九九年）

日本でまだアドラー心理学がほとんど知られていなかった頃に書かれた入門書。著者の体験したエピソードを交えながら、具体的に学ぶことができます。

『アドラー　人生を生き抜く心理学』（岸見一郎、ＮＨＫブックス、二〇一〇年）

アドラーの理論と思想をアドラーの人生と織り合わせながら紐解いた本。

『生きづらさからの脱却　アドラーに学ぶ』（岸見一郎、筑摩選書、二〇一五年）

生きるのに楽だった時代はなかったかもしれません。現代人の悩みや不安を解消するためには従来とは根本的に違う考えに触れなければなりません。アドラー心理学を生きづらさというキーワードを軸に読み解く試み。

『アドラーをじっくり読む』（岸見一郎、中公新書ラクレ、二〇一七年）
アドラー心理学についての誤解を解き、アドラー自身の原著に立ち返ることでより深い理解を目指す本です。

『まんが！　100分de名著　アドラーの教え『人生の意味の心理学』を読む』（岸見一郎＋NHK「100分de名著」制作班、宝島社、二〇一七年）
アドラーの『人生の意味の心理学』を扱った「100分de名著」をオリジナルストーリーで解説。

●アドラーの伝記

『アドラーの生涯』（ホフマン、岸見一郎訳、金子書房、二〇〇五年）
膨大な資料を駆使して書かれた労作。アドラー心理学に関する解釈については私は異論がありますが、アドラーの生きた時代背景と共に、アドラーという人を知るためには有用な本です。

本書は、「ＮＨＫ１００分de名著」において、２０１６年2月および同年10月に放送された「アドラー『人生の意味の心理学』」のテキストを底本として一部加筆・修正し、新たにブックス特別章「〝ありのまま〟の価値」や読書案内を収載したものです。なお、本書におけるアドラーの著作をはじめとする海外文献の翻訳はすべて著者によります。

装丁・本文デザイン／菊地信義

編集協力／中村宏覚、福田光一

エンドマークデザイン／佐藤勝則

本文組版／㈱ノムラ

協力／ NHKエデュケーショナル

p.1　アドラーの肖像写真（写真提供・Granger／PPS通信社）

p.13　アドラーが学んだウィーン大学（1890年ごろ撮影、以下同）

p.49　アドラーが開いた診療所の近くにあったプラーター遊園地の観覧車

p.67　ウィーンの中心部にあるヴォティーフ教会

p.87　ウィーンの市場とラデツキー将軍の騎馬像

岸見一郎（きしみ・いちろう）

1956年京都府生まれ。哲学者、カウンセラー。京都大学大学院文学研究科博士課程満期退学（西洋哲学史専攻）。専門の哲学に並行してアドラー心理学を研究。『嫌われる勇気』『幸せになる勇気』（古賀史健との共著、ダイヤモンド社）、『アドラー　人生を生き抜く心理学』（NHKブックス）などアドラー関連の著書多数、『人生の意味の心理学』をはじめとするアドラーの著書の翻訳多数。アドラー関連以外の著書に『三木清『人生論ノート』を読む』などがあるほか、プラトン『ティマイオス／クリティアス』の翻訳も手がける（ともに白澤社）。

NHK「100分 de 名著」ブックス
アドラー　人生の意味の心理学　～変われない？ 変わりたくない？

2018年6月25日　第1刷発行
2021年7月30日　第8刷発行

著者――――岸見一郎　

発行者―――土井成紀

発行所―――NHK出版
〒150-8081　東京都渋谷区宇田川町41-1
電話　0570-009-321（問い合わせ）　0570-000-321（注文）
ホームページ　https://www.nhk-book.co.jp
振替 00110-1-49701

印刷・製本―廣済堂

Printed in Japan　ISBN978-4-14-081744-5 C0011

NHK「100分de名著」ブックス